黄金胎教280天

翟建军 编著

中国纺织出版社

图书在版编目(CIP)数据

黄金胎教280天 / 翟建军编著. -- 北京 : 中国纺织出版社，2012.7（2019.7重印）

(好孕优生钻石系列)

ISBN 978-7-5064-8514-2

Ⅰ.①黄… Ⅱ.①翟… Ⅲ.①胎教-基本知识 Ⅳ.①G61

中国版本图书馆CIP数据核字（2012）第080515号

策划编辑：尚 雅 张天佐 责任编辑：卞嘉茗 责任印制：刘 强

美术编辑：潘光玲 装帧设计：赵 静 王 波

中国纺织出版社出版发行

地址：北京市朝阳区百子湾东里A407号楼 邮政编码：100124

北京天恒嘉业印刷有限公司印刷 各地新华书店经销

2019年7月第1版第2次印刷

开本：720×1020 1/16 印张：16

字数：280千字 定价：38.80元

凡购本书，如有缺页、倒页、脱页，由本社图书营销中心调换

第一章 孕早期：开始做胎教，为胎宝宝发育打基础

孕1月（1～4周）迎接小天使的降临 / 12

孕2月（5~8周）真的当妈妈了，好幸福 / 32

孕3月（9~12周）小家伙已经长得有模有样了 / 56

第二章 孕中期：不能错过的胎教关键期

孕4月（13～16周）
一起来幸福地感受胎动 / 78

孕5月（17～20周）
渴望与妈妈交流 / 100

第三章 孕晚期：坚持下去，巩固胎教效果

孕9月（33～36周）宝宝也在感受着妈妈的喜怒哀乐 / 208

孕10月（37～40周）打点好了一切，准备出生啦 / 234

胎教计划一览表

孕月	早晨起床后至上班前	早9点至上班期间	下班后至睡觉前
孕1月	情绪胎教、营养胎教	营养胎教、意念胎教	情绪胎教、营养胎教、意念胎教
孕2月	情绪胎教、营养胎教、意念胎教	情绪胎教、营养胎教	情绪胎教、营养胎教、意念胎教
孕3月	情绪胎教、营养胎教、意念胎教	情绪胎教、营养胎教、意念胎教	情绪胎教、营养胎教、美学胎教
孕4月	情绪胎教、营养胎教、意念胎教、语言胎教	情绪胎教、营养胎教、语言胎教	情绪胎教、营养胎教、运动胎教、语言胎教、美学胎教、音乐胎教
孕5月	营养胎教、意念胎教、语言胎教	情绪胎教、营养胎教、运动胎教、语言胎教	营养胎教、知识胎教、语言胎教、美学胎教、音乐胎教
孕6月	营养胎教、意念胎教、语言胎教	情绪胎教、营养胎教、语言胎教	营养胎教、运动胎教、知识胎教、语言胎教、美学胎教、音乐胎教
孕7月	营养胎教、意念胎教、语言胎教	情绪胎教、营养胎教、语言胎教	营养胎教、运动胎教、知识胎教、语言胎教、美学胎教、音乐胎教
孕8月	营养胎教、意念胎教、语言胎教	情绪胎教、营养胎教、运动胎教、知识胎教、语言胎教、美学胎教	情绪胎教、营养胎教、音乐胎教
孕9月	营养胎教、意念胎教、语言胎教	情绪胎教、营养胎教、运动胎教、知识胎教、语言胎教、美学胎教	情绪胎教、营养胎教、音乐胎教
孕10月	营养胎教、意念胎教、语言胎教	情绪胎教、营养胎教、运动胎教、知识胎教、语言胎教、美学胎教	情绪胎教、营养胎教、音乐胎教、运动胎教

第一章

孕早期：开始做胎教，为胎宝宝发育打基础

迎接小天使的降临

宝贝，为了迎接你的到来，我和爸爸最近都很遵守“纪律”，保持着健康的生活习惯。因为有你，我们的生活更加甜蜜了。我最近预感到上天就要把你赐予我们了。如果你已经来到我们身边，就跟妈妈打个招呼吧。

1~4周宝宝成长周历

第1周：小天使还没有到来

这时胎宝宝还没有来到妈妈的子宫里，而是以精子和卵子的状态分别存在于爸爸和妈妈的体内。爸爸妈妈已做好充分的营养准备，将孕育出最茁壮的精子和卵子，成就健康、聪慧的宝宝。

第2周：天使的脚步越来越近

这是关键的一周，爸爸妈妈都做好了迎接可爱天使降临的准备。在这一周，孕妈妈的子宫内膜逐渐变厚，开始真正地为排卵做好准备，等待卵子和精子相遇的那一刻。

第3周：精子与卵子亲密结合

此时在子宫内生长的所谓胚胎，实际上不过是一个微小的细胞群，只有0.5～1.5毫米，然而他却已经开始依靠储藏在卵子里的营养生长，并且在未来的数月里，他会慢慢地成长为一个可爱的胎宝宝。

第4周：在“小房子”里顺利地安营扎寨了

微小的受精卵在子宫内找到自己的位置并固定下来，完成了向胚囊的转变。当它到达子宫的时候，会分裂成两部分，一部分黏附在子宫壁上形成了胎盘，余下的部分就变成了胎宝宝。这才是真正孕育宝宝的开始。

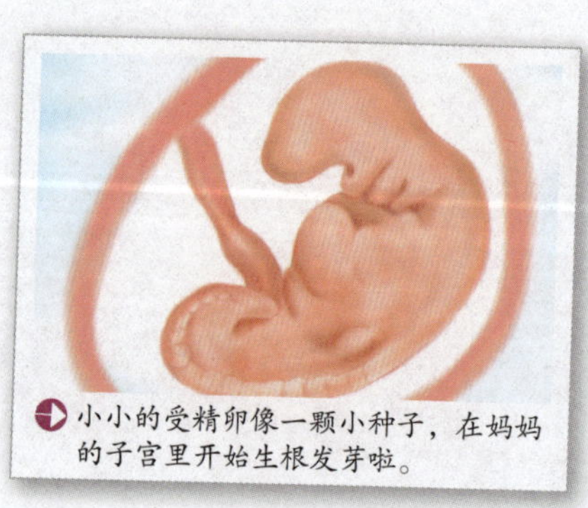

小小的受精卵像一颗小种子，在妈妈的子宫里开始生根发芽啦。

这一时期的胎教重点任务

营养胎教

孕妈妈要调整饮食习惯，养成一日三餐定时定量的习惯。可适当多吃豆制品、绿叶蔬菜、新鲜水果、蛋类、鱼类、全麦制品等食物，以补充叶酸。

推荐菜肴　菠菜木耳蛋皮 

情绪胎教

得知自己怀上了宝宝，大多数孕妈妈都会充满喜悦感，但也有孕妈妈会感觉紧张和焦虑，这就需要孕妈妈及时调整。例如通过冥想、倾诉等方式消除自己的不良情绪。

其他家庭成员也要多给予孕妈妈一些理解与支持，为孕妈妈营造和谐、温暖的家庭环境。

推荐活动　记胎教日记 

运动胎教

在孕早期，适合进行比较缓和的运动。步行是最好的运动方式，即使时间长些，也不会威胁到母子的健康。

散步是孕早期最好的运动，有益身心，应该每天坚持。散步的地点要有选择，要远离车辆、噪声和空气污染。散步的时候最好有准爸爸陪伴。

推荐运动　散步 

认识胎教

年 月 日 心情

在进行胎教之前，孕妈妈首先要明白一个重要的观念：胎教不是教育，而是孕妈妈重视自身营养和健康，通过科学的方法刺激胎宝宝的各种器官来促进胎宝宝的身心健康发育。胎教的目的不是为了教育出一个“天才”。

胎教不是为了培养“天才”

研究表明，新生儿条件反射是在其出生后2周左右产生的，而胎宝宝在子宫内尚未建立条件反射。

尽管孕中晚期，胎宝宝的触觉、听觉、视觉等感觉系统已经初步建立，但是由于胎宝宝处在子宫内，不可能看到外界的事物，所以，也就不能够对客观事物形成知觉。

因此，胎宝宝不能产生互动的学习行为，把胎教当做教胎宝宝学习是没有科学依据的，更不能将培养“天才”作为胎教的目的。

胎教不是培养天才，只是为天才的成长准备肥沃的“土壤”，让宝宝有一个良好的人生开端。

举例来讲，孕24周后的胎宝宝有了听觉功能，出生后的宝宝，听到在子宫内听惯了的音乐时，会停止哭泣而转为安详地入睡或进入安静状态。这说明胎宝宝对子宫内曾经听惯的音乐有记忆的表现。但是，这并不意味着给胎宝宝听音乐就是在培养音乐天才。

胎教的实质

通过胎教可以让胎宝宝拥有健康的身体和丰富的大脑功能。具体来说，胎教的实质就是让胎宝宝的“营养环境”和所处的周围环境丰富化。大脑功能丰富了，记忆容量和记忆速度就会得到提高，这样就为宝宝以后的学习和工作奠定了一个良好的、丰富的大脑功能物质基础。

通过改善环境来提高人类素质的科学称为优境学。优境即优良的环境。对于胎宝宝来说，胚胎发育的内外环境，包括孕妈妈合理、均衡的营养，稳定的情绪以及健康良好的外界环境，这些都属于胎教的范畴。

国外的胎教经验

____年____月____日　　心情________________________

不同的国家有不同的胎教方法，因此也就有很多值得借鉴的胎教经验，今天孕妈妈就来简单了解一下其他国家的孕妈妈是怎么做胎教的。

英法等国的胎教研究

英法等国主要关注直接胎教，即通过对胎宝宝进行音乐、光照、抚摸、语言对话等刺激来促使胎宝宝身体和大脑功能的更好发育，从而提高宝宝的智力水平和身体的综合素质。

俄罗斯人的胎教

俄罗斯的孕妈妈经常唱优美的俄罗斯民歌给胎宝宝听，她们还参加欢乐的民间音乐会、舞会，去艺术博物馆欣赏名画，在家读精美的小说、散文。这使得不少俄罗斯孩子具有较高的艺术素养，在音乐、舞蹈、体操、绘画、文学等方面都表现出相当高的天赋，从而使这个民族沉淀着越来越浓厚的艺术素养。

美国的“子宫对话”

美国著名的胎教专家尼·凡德卡医生自1979年起办了一所“胎儿大学”，至今毕业生已逾千名，他证实了通过胎教对胎宝宝能起到一定的积极作用。他认为胎龄4个月以后便可接受“教育”，其“教育”方法是系统地与胎宝宝对话等。

受过这种胎教的胎宝宝出生后智力明显高于其他孩子，对语言的理解能力、表达能力以及自身情绪的平衡能力都比其他孩子强。

“子宫对话”是一种非常好的胎教方式，准爸爸也要积极参与哦！

胎教不是孕妈妈一个人的事

年 月 日 心情

认为胎教只是孕妈妈一个人的任务，这是个错误的观点。胎教需要全家人一起来进行，甚至与孕妈妈具有社会关系的人都是需要参与到胎教中来的角色。

准爸爸是胎教中必不可少的角色

从决定孕育宝宝的时候起，夫妻两人就负有共同的责任了。胎教中，准爸爸自然是不可或缺的角色。

怀孕以后，孕妈妈身体和心理上都会发生一些变化，如果身边有准爸爸相伴左右，给予温暖的支持和关爱，助孕妈妈一臂之力，胎教活动无疑会进行得更加有声有色。

爷爷奶奶也应来做胎教

胎宝宝不仅仅是夫妻二人爱的结晶，也是爷爷奶奶的牵挂。所以，在孕妈妈怀孕期间，爷爷奶奶也应该积极地参与胎教，为孕妈妈和胎宝宝创造一个轻松的生活环境，保证胎宝宝在温馨的氛围中健康成长。

婆媳关系对孕妈妈来说是一件很重要的事情，为了让儿媳妇心平气和地度过40周孕期，婆婆一家应该给予她更多的关怀和照顾，要时刻牢记不要给孕妈妈造成压力，避免说一些指责的话，以免对孕妈妈的心理造成伤害或者带来压力。尽量创造和谐、欢乐的家庭气氛，如果发现有矛盾的苗头，切不可斤斤计较，尽量用幽默的方式化解。

胎教观念要达成共识

新老二代对胎教的认识存在差异，因此，老人们和年轻的夫妻双方需要在胎教观念上达成共识，以便更好地实施胎教。

一方面，准爸爸和孕妈妈要调低对胎教的心理预期，明白胎教只是有助于宝宝健康成长的方法，不要过分夸大它的效应；另一方面，老人需要调整观念，主动了解和接受胎教是一种科学的育儿理论这一事实，在胎教的过程中给予充分的理解和支持。

重视受孕胎教

年 月 日 心情

真正的胎教并非从怀孕后才开始，为了让胎宝宝能够拥有良好的生长发育环境，准爸妈在怀孕前就需要付出努力。事实表明，怀孕前将自己的身心调养到最佳状态可以大大地降低畸形儿的出生概率，这比保证孕妈妈身心愉快地度过怀孕280天更为重要。

孕妈妈的孕前胎教

不少孕妈妈知道自己怀孕的时间比较晚，在这之前又是吃药，又是照X光，再加上生活忙碌，情绪不佳，对胎宝宝生长发育非常不利。然而，如果有计划地做好孕前胎教，就能够大大减少对胎宝宝的危害行为，还能够减轻孕期的各种负担。

准爸爸的孕前胎教

准爸爸的孕前胎教就是指在妻子怀孕前，要优化自身的条件。首先必须戒烟、戒酒，还要积极锻炼身体，把身体调整到最好状态。在丈夫身体健康、精力充沛时受孕的胎宝宝，出生后往往身体更结实、头脑更聪敏。

怀孕前需要遵循的胎教法则

◎禁止吸烟、喝酒等危害胎宝宝的行为。

◎学习科学的胎教方法。

◎避免争吵，营造和谐的家庭氛围。

◎做好健康检查；对于遗传问题，应向医生咨询。

◎保持规律的生活习惯。

◎坚持做适量运动。

◎均衡摄取各种营养。

夫妻双方在身体和情绪都处于最佳状态时受孕，可以大大地提高胎宝宝的健康概率。

了解直接胎教和间接胎教

年 月 日 心情

胎教按照操作方法可以分为直接胎教和间接胎教两种。今天孕妈妈就来了解一下这两种胎教吧。

直接胎教

通过饮食调节身体健康属于直接胎教。

直接胎教是指为了促进胎宝宝生理、心理的健康成长和确保孕妈妈能够顺利度过孕产期，所采取的精神、饮食和环境等方面的保健措施。孕妈妈的身心是否健康，对胎宝宝的智力与体质的发育，具有决定性的作用。此时，胎宝宝还没有定型，正处于器官形成和生长发育中，容易受外界影响而发生变化，即中医所说“形象始化，未有定仪，因感而变，外象而内感”。这里所说的受外界影响，主要是指受孕妈妈的精神、饮食、寒温等方面的影响。

因此，直接胎教有利于孕妈妈和胎宝宝身体健康和精神健康，有利于保胎、养胎和护胎等保健措施的实行。

间接胎教

间接胎教是指在怀孕期间加强孕妈妈的精神、品德修养和教育的同时，利用一定的方法和手段，通过母体刺激胎宝宝的感觉器官，以激发胎宝宝大脑和神经系统的有意识活动，从而促进胎宝宝身心的健康发育。

间接胎教相对于直接胎教来说，更偏重于品德、精神、智力以及性情的培养和情操的陶冶，主要是通过采取一些措施与方法，让孕妈妈置身于美好的事物、环境和氛围中，这样不但会使孕妈妈品德高尚、精神饱满、心情舒畅、头脑清醒、思维敏捷，而且由于“外象而内感”的作用，可以间接促进胎宝宝品质、智力等方面的良好发育。

一起制订胎教计划

____年____月____日　　心情________________

孕育一个健康聪明的宝宝是所有爸爸妈妈的共同期望，正因为如此，胎教才会受到如此的关注。如果要承担起这份责任，就要在身体和心理上做好充分准备，所以，制订一个切实可行的胎教计划是很有必要的。

夫妻二人要做的思想准备

◎如果决定要一个宝宝，夫妻双方就应该好好沟通一下怀孕时机。女性在24～32岁是生育的最佳年龄段；男性的最佳生育年龄与女性有一定的区别，男性精子质量在30岁时达到高峰，并在之后5年持续高质量，因此，30～40岁是男性最佳的生育时期。

提前制订好一个切实可行的胎教计划对准备要宝宝的夫妻来说很有必要。

◎应当制订从受孕、生育到育儿的全程计划，考虑是否具备应有的条件，包括物质条件、环境条件、心智条件等。最好选择在家庭经济环境较为宽裕的情况下要宝宝，这样夫妻的精神状态比较放松。如果有长期旅行或搬家的计划，最好延后怀孕。

夫妻一起做好身体调理

◎怀孕前3个月要停止口服避孕药避孕。

◎做孕前检查，检查夫妻二人是否有会对胎宝宝产生不良影响的疾病。如果患有某些疾病，应治愈后再怀孕。

◎戒烟酒，让自己的身体在怀孕之前恢复到自然的状态。

◎当心误服药物。怀孕1～4周内，孕妈妈很难意识到自己已经怀孕，于是可能会发生误服药物导致流产的事情。而有计划地怀孕就能做到对一切药物都有所防范。

◎作息时间要有规律，这是比任何补药都有效的保健方式。

第12天

锻炼腰肌运动法

年 月 日 心情

女性怀孕后，腰背部要承受越来越重的负担，因此需要提前锻炼腰背肌肉，避免发生腰酸背痛的现象。

运动方法

1. 孕妈妈站立，双腿分开至略大于肩宽。双手腕在身体两侧自然弯曲，手心向内（图①）。
2. 双臂缓缓地向前伸，至与地面平行。双膝微曲，手心朝向下，手指尖朝前（图②）。
3. 身体慢慢下蹲，同时双臂收回，在体侧做向下按压的动作。以上动作重复10次（图③）。

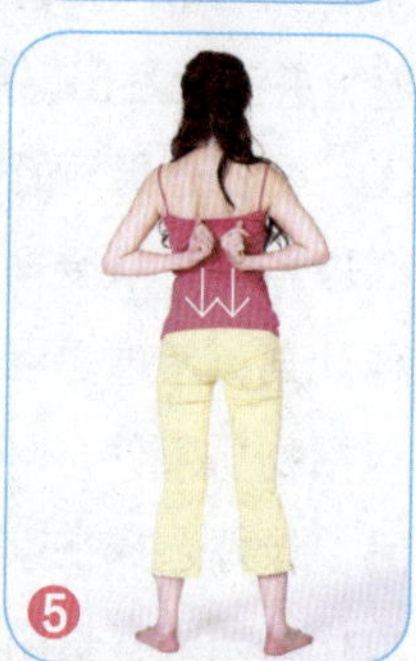

4. 最后，将双手握拳，放在后腰部位，上下搓按10次左右（图④、图⑤）。

运动功效

锻炼腰部肌肉，增强腰部的支撑力，预防和缓解腰部酸痛。

注意事项

◎注意手臂上下的抬落要配合呼吸进行，抬起时吸气，落下时呼气。

◎手背搓按后腰时应注意不要过度用力。

◎体质虚弱的孕妈妈不宜练习该动作；运动后小腹产生酸痛者也不宜练习。

◎孕妈妈第1次练习此保健操时，可以对着镜子检查做得是否到位。

孕1月要重视饮食

____年____月____日　　心情____________________

孕1月，胎宝宝的大脑和肝脏都开始发育，宝宝出生后容易患的疾病和身体条件将在这一时期定型，因此这个阶段的饮食营养将会影响宝宝一生。

规范饮食习惯

少食多餐，吃饭细嚼慢咽

早晨起床前吃少量食物，如烤面包、饼干、大米粥或小米稀饭等，对减轻早孕不适有帮助。

均衡摄取各类营养素

从怀孕起，孕妈妈应多吃含锌丰富的食物，如牡蛎、瘦肉、蛋类、花生、核桃和豆类等。

孕妈妈还应适当摄取含钙、磷丰富的食物，如奶类、豆类和海产品等。铁对孕妈妈及胎宝宝来说很重要，孕妈妈可以多吃含铁丰富的食物，如动物血、海带、黑木耳、芝麻等。

孕1月的饮食重点

◎多吃富含水分和膳食纤维的食物以预防便秘，如各种水果、新鲜蔬菜等。

◎胎宝宝正处于肝脏发育的重要时期，稍有不慎就会导致肝脏发育不全或留下视力损伤。酸味食物有助于肝脏的形成，孕妈妈可以适量食用，但是注意不要过量，否则容易造成胎宝宝脾胃虚弱。有益肝脏的食物还包括富含维生素和铁、钙、磷等无机盐的食物，如红豆、燕麦、柠檬、橙子、葡萄、木瓜、苹果、花生和芝麻等。

◎胎宝宝脑细胞的发育需要各种营养素的供给。在脑细胞的发育过程中如果缺乏有促进大脑发育作用的叶酸，就会产生不良影响。除通过饮食补充叶酸外，孕妈妈也可以通过服用叶酸片来补充叶酸。

孕1月补充叶酸很重要，孕妈妈不可大意。

做好精卵结合时的营养胎教

年　月　日　心情

一个可爱的宝宝是大自然最美妙的造化，而每一个宝宝的孕育都是从精子和卵子的结合开始的。受精卵是新生命的第一个细胞，这个细胞携带着爸爸和妈妈的基因，这决定了你的宝宝是独一无二的，是你和爱人生命的延续。

今天才是你真正开始孕育宝宝的第一天

精子与卵子的结合并不是一帆风顺的，男性每次射出精液2～6毫升，每毫升有0.6亿～1.5亿个精子。这支庞大的精子队伍历尽“艰险”，一路上分秒必争，死伤众多，最后进入子宫，闯入输卵管，在这里它可以存活1～3天。兴许就在今天，一枚幸运、强壮又霸道的精子与卵子相遇了，它穿透卵细胞外层的透明带，立即释放一种化学物质，透明带即发生化学反应，将其他精子全部阻隔在外面。

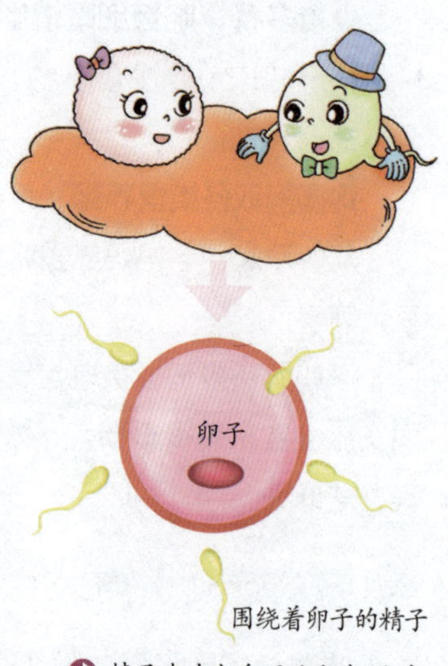

精子先生与卵子小姐相遇并结合为受精卵，是这场奇妙的孕育之旅的开始。

精子和卵子形成了一个含有46条染色体的单细胞，这个肉眼看不见的单细胞，将在未来的数月里，慢慢地长成一个可爱的宝宝。所以，今天是你真正孕育宝宝的第一天。

为胚胎提供良好的宫内环境

精子游向卵子并与卵子结合，这个过程牵涉了有关细胞的大量活动，但是孕妈妈却对此毫无察觉。在接下来的日子里，胎宝宝就要在孕妈妈感觉不到的情况下，依靠储存在卵子里的营养不断生长了。为了让生命的种子能够顺利成长，孕妈妈应利用一定的方法，给胎宝宝提供一个良好的宫内环境，给予胎宝宝各种良性的刺激，从而保证胎宝宝生理和心理上的健康成长。

此时的孕妈妈要远离咖啡、浓茶，并改掉吃辛辣食品和饮酒、吸烟等不良的生活习惯，保持心情舒畅，多吃富含蛋白质的食物，有意识地补充叶酸，控制糖精、味精、盐、香辛料的摄入量，这对孕妈妈和胎宝宝来说很重要。

营造优质的生活环境

年　月　日　　心情

良好的生活环境与胎宝宝的健康发育有密切的关系，这就需要孕妈妈学习一些环境卫生知识，以利于养胎。通过营造一个温馨、安静、清洁的优质环境来保证胎宝宝的健康成长发育，这就是环境胎教。

环境胎教的方法

◎在良好的家庭氛围中，孕妈妈感受的是温馨，而腹中的胎宝宝也能在温馨的家庭氛围中获得身心上的良好发育。良好的家庭氛围需要夫妻双方共同维护，在互爱、互敬、互助、互谅、互勉的基础上，共同关爱胎宝宝。

◎良好的家庭环境是保证孕妈妈身心健康和促进胎宝宝健康发育的重要条件。良好的家庭环境不仅要依赖夫妻之间相互理解与相互关爱，还需要温馨、优美的家居装饰，这对促进孕妈妈和胎宝宝的身心健康都非常有益。

环境胎教宜与忌

◎**宜远离高氟污染。**过量摄取氟元素会使氟元素蓄积于人体的骨骼和牙齿中而导致骨质代谢受到抑制和牙齿钙化。如果孕妈妈体内含氟量较高，则会使氟元素通过胎盘传输给胎宝宝，甚至可引发先天性氟中毒。因此，孕妈妈应尽量远离氟污染。

◎**宜远离空气污染。**在怀孕期间，孕妈妈应尽量避开有二手烟和汽车尾气污染的环境，而应多呼吸新鲜、干净的空气。

◎**忌接触X射线。**X射线会给胎宝宝带来很大的伤害，最初3个月正是胚胎器官形成的重要时期，若受到X射线的放射作用，很容易导致胎宝宝器官畸形，同时还会增加流产和死胎的发生概率。

注意家庭和谐与居室的卫生，让孕妈妈和胎宝宝始终处于健康舒适的环境中，是给胎宝宝提供的最好胎教。

了解培养创造力的音乐胎教

年 月 日 心情

德国伟大的音乐家贝多芬认为，音乐是比一切的智慧、哲学更高的启示。优美的音乐能够对孕妈妈和胎宝宝都产生积极的影响。所以在怀孕期间，音乐胎教必不可少的，也是很容易操作的胎教。虽然现在胎宝宝还不能听到音乐，但孕妈妈是可以提前进行音乐胎教的。

音乐胎教对孕妈妈和胎宝宝都有益处

优美的音乐可以让孕妈妈心情平静和愉悦，进而对胎宝宝的发育产生积极的影响。随着胎宝宝听觉神经的不断发育，胎宝宝的听力会越来越敏锐，8个月后，能分辨出声音强弱的神经也已经形成。如果孕妈妈在胎宝宝听力发育期间多欣赏美妙的音乐，那么胎宝宝出生之后就会显得极为平和与安稳。

孕妈妈应选择能为自己带来平和与幸福感的音乐做胎教。

选择合适的胎教音乐

◎**选择胎教音乐应根据孕妈妈的喜好。**对于孕妈妈来说，勉强去听自己不喜欢的音乐只会适得其反。选择胎教音乐必须以孕妈妈的喜好为依据，只要是能够给自己带来平和、幸福感的音乐，就都可以用来做胎教音乐。

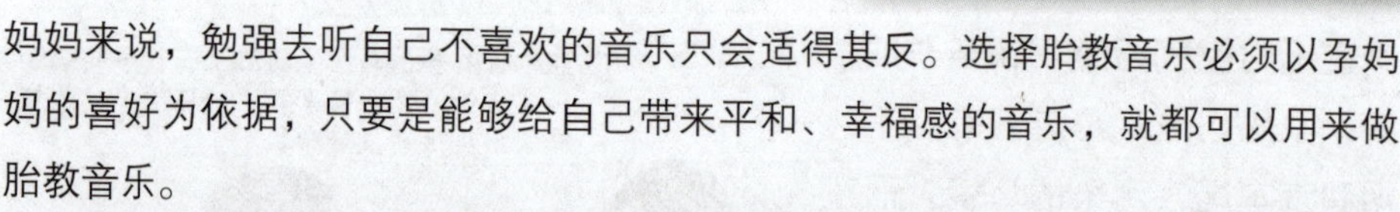

◎**选用温柔而宽厚的中、低音频音乐。**据一项科学测定发现，宽厚的低频音乐最容易被胎宝宝接受。这大概是因为这种音频与胎宝宝习以为常的孕妈妈的心跳声类似。另外，胎宝宝喜欢孕妈妈体内心跳与血液流动的声音以及温柔的话语声和自然界的声音。选择胎教音乐时，一定要避免高亢的音乐，那些音色圆润、浑厚的大提琴、吉他、古筝等中、低音乐器演奏的乐曲最适合用来做胎教。

◎**选用原汁原味的经典音乐。**音乐要靠心灵去感悟，真人演奏的乐曲有情感的信息流露，这种乐曲能真正打动人心，让人彻底融入到音乐世界中去。电声音乐尽管也很规整，但是缺乏情感信息。

了解培养审美能力的美术胎教

年 月 日 心情

对于胎宝宝来说，视觉刺激和听觉刺激一样重要。孕妈妈看到的东西越丰富，胎宝宝所能获得的美感体验就越多。

美术胎教可以刺激五感，促进脑部发育

当孕妈妈看到一些美术作品时，心情会很自然地平静下来，这对胎宝宝的健康和大脑发育大有益处。而且美术胎教能够有效刺激胎宝宝五感的形成，是非常重要的胎教内容。

美术胎教的方法

◎**欣赏画册或到美术馆参观。**欣赏名画是最简单的美术胎教方法。孕妈妈可以利用画册来欣赏名画作品。挑选画册时以个人的爱好为基准，选择自己所熟知和喜爱的画家的作品，比勉强接受别人口中的“杰作”要更适宜。也可以到附近的美术馆去参观画展，接触各式各样的画作。所欣赏的作品要具有美感，线条和色彩较为鲜明，能够给人柔和与幸福的感觉。推荐选择印象派的作品，例如，莫奈的《睡莲》，色彩明亮而富于变化，能够给人以愉悦的感受。

◎**由易入难。**大多数孕妈妈没有美术鉴赏的基础，与其欣赏细腻深奥的作品，不如先看那些可以很直接地了解作者本意的风景画。看到美丽的风景，就可以使孕妈妈己的心情平静下来。

◎**了解画家和作品资讯。**孕妈妈在去美术馆之前，可以先了解一下正在展出的作品的背景知识。掌握了画家的风格和作品的基本资讯，就会对作品产生更多的感触，自然会更有收获。

◎**自己动手作画。**自己作画可以宣泄内心的情感，释放压力。所以，孕妈妈应该带着愉快的心情作画。在绘画的过程中尽量多接触不同的色彩和素材，可以尝试用蜡笔、颜料和彩色铅笔绘画。绘画的素材可以选择自然界的景物或者孩子的脸庞等。没有美术基础的孕妈妈也不用担心自己画不好，孕妈妈所作的画并不一定要拿给别人欣赏，所以没必要画得非常完美。只要作画的过程能够让你保持平静和愉快，就达到了胎教的目的。

了解传递温情的对话胎教

年　　月　　日　　心情

胎宝宝很喜爱听到充满温情的语言，可以让胎宝宝的情绪保持安定，对于胎宝宝的性格形成也会产生积极的影响。所以，常常用深情的声音与胎宝宝对话是十分有益的胎教活动。

对话胎教的益处

◎**促进胎宝宝的大脑发育。**孕妈妈温柔而深情的话语能够刺激胎宝宝脑细胞的发育，使胎宝宝的大脑能够在不断的刺激下保持良好的发育状态。

◎**稳定孕妈妈及胎宝宝的情绪。**对于胎宝宝来说，孕妈妈安定的情绪能够通过温柔的声音传递给胎宝宝，让胎宝宝的性格也逐渐倾向于温和、宽容。

◎**增进亲子之间的亲密感。**声音的交流是比较直接的感情交流，孕妈妈亲切的声音能够让胎宝宝感到愉悦，久而久之，胎宝宝会对这种声音自然而然会产生亲密感。

开展对话胎教的要领

◎**开始实施的时间。**有人建议怀孕3个月起开始实施对话胎教，因为这时正是胎宝宝听觉器官开始形成的时间；还有人认为要等到胎宝宝5个月，听觉有了发展时再进行。其实对话胎教开始的时间越早越好。这是因为对话胎教不仅仅会对胎宝宝产生影响，对孕妈妈的情绪也有积极的意义。所以只要孕妈妈和准爸爸自己愿意，随时都可以开始与胎宝宝进行对话。

◎**实施方法。**对话胎教的方式很丰富。刚开始的时候，可以给胎宝宝取一个小名，经常呼唤他的名字，跟他打招呼，将你的情绪、思想通过语言真诚地表达出来。或者将你所看到的事物通过形象的语言描述出来。也可以选择一些有趣的童话故事、诗歌、儿歌等念给胎宝宝听。

对话胎教开始的时间可以由准爸妈自己来决定。

了解激发好奇心和想象力的童话胎教

年　　月　　日　　心情

充满奇思妙想的童话故事可以很好地激发人的想象力和创造力。在胎宝宝的大脑不断发育的过程中，孕妈妈富有感情所读出的每一个童话都能够给胎宝宝带来积极的影响。

童话胎教的好处

童话胎教是孕妈妈与胎宝宝进行交流的重要方式。用充满感情和童趣的声音为胎宝宝念童话，可以很轻松地与胎宝宝进行沟通和联系。

准爸爸也可以直接参与进来，男性低沉的嗓音可以更好地通过羊水传递给胎宝宝。科学研究也发现，胎宝宝往往对准爸爸的声音反应更加灵敏。而且准爸爸的加入还可以增进夫妻、父子间的感情，一举多得，何乐而不为呢?

童话胎教还能够培养胎宝宝的听力和潜在的想象力与好奇心。孕中期的时候，胎宝宝就具有比较敏锐的听力了，他们可以对外界的刺激作出反应，这时候，如果孕妈妈和准爸爸可以给胎宝宝读一读童话故事，就能够刺激胎宝宝的听力发育。

充满想象力的童话故事还可以让胎宝宝在精彩的世界中获得更加丰富的信息和感性认识，产生安定的情绪。

如何实施童话胎教更有效

在给胎宝宝念童话故事的时候，孕妈妈和准爸爸要注意自己的发音和语调，发音要准确，语调要亲切温柔。

在进行童话胎教的同时，还可以温柔地抚摸腹部，给胎宝宝安全感和舒适感，让他能够更加喜爱这种活动。

童话胎教的形式是自由的，孕妈妈可以为胎宝宝读故事，也可以自己给胎宝宝编故事。拿一些小玩具来扮演各种角色，利用这些角色来演绎有趣的小故事，也是很有乐趣的一件事。

孕妈妈在念完胎教故事后，别忘了将故事中的道理讲给胎宝宝听，或者把自己的感想与胎宝宝亲切地交流一番。

运动胎教增添生命活力

年　　月　　日　　心情

许多孕妈妈怀孕后就变得十分谨慎，一谈到运动就心生畏惧，生怕会伤害到自己的身体。其实这大可不必。怀孕期间，适当的运动不但不会影响孕妈妈的健康，而且还是必不可少的一项胎教活动。

运动胎教的好处

科学研究表明，受过运动胎教的胎宝宝出生后往往身体健壮、四肢灵敏，且能够在智力、体育等方面全面发展，而且运动可以通过母体给胎宝宝提供新鲜的氧气，使胎宝宝的各项身体功能健康运行。

运动胎教对孕妈妈也有一定的好处，它能够调节孕妈妈的内分泌系统和血液循环系统的功能，增强心脏和肺部功能，改善消化功能和代谢功能。同时，运动还能够促进腰部和下肢的血液循环，有效改善孕妈妈腰腿酸痛、下肢水肿等妊娠表现。体育锻炼还能增强孕妈妈骨盆肌肉的力量，放松骨盆关节，为顺利分娩打下良好的基础。

运动胎教还可以控制孕妈妈的体重，避免肥胖，减少妊娠期高血压的发病率和巨大儿的出生率，并有助于产后恢复体形。

另外，运动对孕妈妈的心理健康也有很大帮助。它能愉悦孕妈妈的心情，使孕妈妈乐观、平静地度过孕期，还能帮助孕妈妈克服妊娠所带来的不良反应。

怀孕的不同阶段运动胎教的特点

◎**孕早期的运动特点。**孕早期，孕妈妈的运动应以舒缓为主，剧烈运动则应暂停。孕早期的孕妈妈受妊娠反应的影响容易呕吐，而且体力较差，进行比较舒缓的运动是最佳选择，如散步等。

◎**孕中期的运动特点。**孕中期，孕妈妈的身体告别了早孕反应的不适，胎宝宝的情况也更加稳定了。此时运动幅度可以稍微大一些，可以练习孕中期体操、舒缓的瑜伽等，孕前有游泳爱好的孕妈妈此时也可以继续游泳。

◎**孕晚期的运动特点。**到了孕晚期，孕妈妈的身体不便，进行运动时就要小心一点了，有可能因为运动而造成早产，所以，孕妈妈最好能进行一些舒缓的运动。

漂亮的民俗艺术品：剪纸

年 月 日 心情

剪纸是我国的传统民间艺术，孕妈妈在闲暇时，不妨准备一些彩纸和一把剪刀，剪出一些美丽的图案，这不仅能够起到艺术胎教的效果，还能够锻炼孕妈妈的动手能力。

剪纸的方法

剪纸需要准备的工具有剪刀、笔、纸、刻刀等。

第一种剪纸是用剪刀剪制而成，俗称铰花。孕妈妈可以先勾轮廓，而后仔细沿轮廓剪出来，剪个胖娃娃，或“双喜临门”、“喜鹊登梅”、“小放牛”，也可以剪出胎宝宝的属相，如猪、狗、猴、兔等。

胎教经验分享

将剪好的作品收集起来，和准爸爸一起粘贴在册子上，这样不仅能够达到一定的艺术胎教效果，而且以后当宝宝长大时，还可以拿给他看，很有的纪念意义。

第二种是用刻刀刻制，俗称刻纸。孕妈妈可以自己设计剪纸图案，或拓样，或复印。操作时要先把剪纸图样制作好，再把彩色纸与图样固定在一起。刻制时，持刀要保持刀尖与纸面垂直，而且一定要一气呵成。

剪纸的胎教意义

剪纸是一种镂空艺术，其在视觉上给人透空的感觉和艺术享受。一般民间剪纸是通过夸张的手法提炼现实生活的“真”，向艺术的“美”演化、深化的过程。对于孕妈妈来说，其实剪纸不在于剪的好坏，而在于是否用心。孕妈妈在剪纸的过程中可以融入自己的思想感情和对美的理解。

利用简单的工具，将平衡、参差、疏密以及不规则的线条自由组合，构成美妙的图案，既增添了情趣，丰富了自己对形象的感知力，又向胎宝宝传递了爱与美的信息。孕妈妈还可以边剪纸边以讲故事的形式描述所剪的内容，给胎宝宝传递更多的情感。

开始记胎教日记啦

年　月　日　心情

孕妈妈准备一个自己喜欢的漂亮日记本，拿起笔，为自己和宝宝记一本属于你们的胎教日记吧。这独一无二的日记，会成为日后珍贵的纪念。

日记的形式

记日记是孕妈妈调节情绪的一种好方法，把自己生活中的点点滴滴记录下来，就如同在与一个知心朋友分享内心的感受，可以让自己心情平静，并可以将消极的想法转化为积极的动力。

胎教日记的形式可以非常丰富，如文字、表格等，甚至是信手涂鸦，只要是孕妈妈喜欢的，就可以随心所欲地记录。

日记的内容

日记的内容可以涉及到怀孕生活中的点点滴滴，例如自己的身体变化、胎教的内容、一日三餐，以及心情、天气、发生的特别事情等。

有时候孕妈妈可能因为劳累或者情绪不佳而忘了记日记，但是请不要就此放弃。不妨像小学生一样，把时间、地点、人物和事件等几个要素简单地记录下来，或者记成流水账也没关系。努力坚持下去，养成习惯，它就会成为一项固定的胎教活动了。

日记示例

2012年3月7日 星期三 天气多云

上班的时候感觉很疲乏，心里就怀疑自己是不是怀孕了？怀着忐忑的心情拿早孕试纸跑到卫生间测试，结果阳性！

真的怀孕了，欣喜之余也有些紧张，有些手足无措。好大一会儿才想起来打电话告诉老公这个消息。这个家伙在电话那头愣了一下，然后连着问了好几遍："真的吗？真的怀上了？"晚上回家，又让我重新测了两遍，结果依然是阳性。他这个兴奋啊！手舞足蹈跟个小孩子似的。

宝宝，你终于来了，爸爸妈妈都很开心。我向上天祈祷你能够健康、平安。

画简笔画的方法

年 月 日 心情

今天孕妈妈来学习一下简笔画的画法吧。简笔画是比较简单的绘画方式，最适合没有美术基础的孕妈妈尝试。

简笔画的表现形式

◎**线面结合**。用简单的线条加上块面描画出人和物的特征。

◎**平面描画**。用平面的直观感觉，通过简单的线条，描画出人和物的特征。

◎**外形线勾**。以简单的线条，通过人和物的外形轮廓，描画出外形结构。

简笔画的基础训练

◎**常用的点线**。有简单的点、横线、竖线、斜线、弧线、折线、波浪线、锯齿线、螺旋线和蜗牛线等。

◎**夸张的变形**。在平面几何图形基础上，正方形、长方形、三角形、梯形、菱形、扇形、鼓形、圆形、半圆形、椭圆形、桃形、豆瓣形、冬瓜形、舌形、多角形、瓦片形、尾巴形、月牙形、茄子形和带形等，都是简笔画夸张变形的图形基础。

◎**有趣的构成**。利用简笔画夸张的变形，可以构成有趣的静物、服装、交通工具、蔬菜、水果、花木、昆虫、鱼类、爬行动物、人物及建筑景物等。

简笔画的关键

◎**了解被画的物体**。了解客观事物各自的形体比例结构。

◎**寻找规律**。把握客观事物的特点，找出其普遍的规律。

真的当妈妈了，好幸福

宝贝，因为你的到来，这一天成为一个美丽的日子。你都不知道我和爸爸有多开心！好像整个世界都多了诱人的色彩，而且，我还忍不住骄傲起来了呢，嘿嘿……

5～8周宝宝成长周历

第5周：长出一条小尾巴，像只小海马

这个时候的胎宝宝相当于一颗苹果籽大小。我们已经能够分辨出他的头部和尾部，他的模样看上去就像是一只小海马。他的身体器官正在迅速地分化着，还出现了心跳。大脑和脊椎也在慢慢地发育。

第6周：开始长出四肢的幼芽

这一周，胎宝宝的生长发育很迅速，已经有小松子仁大小了，外观与小蝌蚪有点类似。

胎宝宝四肢的幼芽开始长出，可以被轻易地区分开。另外，内脏各个器官开始形成，脑部的体积增加，神经管开始连接大脑和脊髓，血液循环也开始运作。

第7周：胚胎第一次运动

本周的胎宝宝以令人难以置信的速度生长着，到了第7周末，身体的长度已经翻倍了，长成了一颗长约10～21毫米的“豆子”。这颗“豆子”头大身小，可以凭借四肢幼芽在羊水中运动。胚胎的面部器官也开始明显起来，眼睛呈现为一个明显的黑点，鼻孔大开着，耳朵会有些凹陷。另外，胎宝宝的小心脏已经分离出左心室和右心室，心跳比孕妈妈要快10倍。

第8周：皮肤像纸一样薄薄的

现在胎宝宝的个头儿长到19～35毫米左右了。他的各种复杂的器官都开始生长，牙和腭开始发育，耳朵也在继续成形。同时，胎宝宝的皮肤像纸一样薄，血管清晰可见，是一个透明的小家伙。四肢也明显变长，颈部开始发育，下肢的芽体分化为大腿、小腿和足部。

这一时期的胎教重点任务

营养胎教

孕2月，孕妈妈要注意保持营养均衡的饮食，保证摄入充足的脂肪，还可以多吃富含膳食纤维的食物，以防止便秘。这个月，孕妈妈由于妊娠反应加重，会出现食欲欠佳、饮食过少的现象。建议调整烹调方式，变换口味，想吃的时候尽量多吃。

推荐菜肴　竹荪酿莴笋 

音乐胎教

进入孕期第2个月，孕妈妈可以适当进行音乐胎教了。音乐胎教不仅能够刺激胎宝宝的大脑发育，还可以调节孕妈妈的情绪。孕妈妈可以多听一些优美、愉快的音乐，将自己的心理和生理都调整到一个最舒适的状态，为胎宝宝营造一个舒适的宫内环境。

推荐音乐　春江花月夜 

情绪胎教

为了缓解妊娠反应带来的压力，孕妈妈可以多做一些令自己愉快的事，例如读一些幽默、轻松的故事，看一部欢乐的喜剧片，欣赏可爱的宝宝照，使自己的精神得到放松，这对缓解孕吐以及妊娠反应带来的烦乱情绪都是有积极作用的。

推荐活动　欣赏宝宝照 

趣味数独小游戏（一）

年　　月　　日　　心情

今天孕妈妈带着胎宝宝一起来做数独游戏吧。在做之前先了解一下游戏规则，并借鉴以下的小技巧。在做的过程中，孕妈妈也可自己总结一些方法。

数独游戏的规则

◎在9×9的九大宫格内，已给定若干数字，其他宫位空白，孕妈妈需要自己按照逻辑推敲出剩下的空格里是什么数字。

◎每一行与每一列都有1到9的数字，每个小九宫格里也有1到9的数字，并且一个数字在每行、每列及每个小九宫格里只能出现一次，既不能重复也不能少。

入门级小技巧

◎根据已知的若干数字，确定每个空白格中可能出现的所有数字。为便于观察、筛选，从而发现规律，找出答案，可以将这些候选数字按一定的位置标注出来。

◎仔细观察、分析、排除、筛选，先找出某些可以确定唯一数字的空格，填出你能确定的唯一数字。

◎其余不能确定是唯一数字数的空格就要进行分析与尝试，直至找出正确答案。以上方法只适用于比较简单的数独题目。

题目 难度系数1　用时____分钟

8				6				2
	4	9	7				1	
		3	8		4	6	9	
		1		9		5	7	
5			2		6			3
	3	6		1		4		
	1	2	3		5	7		
	7				9	2	5	
4				2				8

答案

8	5	7	9	6	1	3	4	2
6	4	9	7	3	2	8	1	5
1	2	3	8	5	4	6	9	7
2	8	1	4	9	3	5	7	6
5	9	4	2	7	6	1	8	3
7	3	6	5	1	8	4	2	9
9	1	2	3	8	5	7	6	4
3	7	8	6	4	9	2	5	1
4	6	5	1	2	7	9	3	8

侍弄花草似参禅

____年____月____日　　心情____________________

孕妈妈可以在家中养几盆花草，或者将阳台精心打造成一个生机盎然的花草空间，在阳光灿烂的清晨，看着喷壶喷洒下渐渐油亮的绿叶，沿着花茎蜿蜒着流入花下温润的泥土，让一天的好心情就从这一刻开始吧。

适宜室内摆放的花草

花草不难养，如同养育宝宝一样，只需用心而已。孕妈妈应该选择适宜较长时期在室内栽培和欣赏的花卉。它们应具备喜阴或较耐阴性，对室内环境具有较好的适应性，无毒、无不良气味、无粉尘和毛刺等特点。下面为孕妈妈推荐几种适宜放于室内的花草。

宜养花草	主要作用
吊兰、芦荟	可消除一氧化碳、甲醛污染
常青藤	能吸收室内的苯
石榴	降低空气中的铅含量
虎尾兰、一叶兰	可以吸收室内80%以上的有害气体，且吸收甲醛的能力超强
桂花、腊梅、花叶芋、红背桂等	是天然的除尘器，其纤毛能截留并吸滞空气中的飘浮微粒及烟尘
玫瑰、桂花、茉莉、石竹等	其所产生的挥发性油类具有显著的杀菌作用
虎皮兰、龙舌兰等	能在夜间净化空气

侍弄花草的感悟

从花草的习性，孕妈妈也许还能够参悟到养育生命的道理。 花草都各有自己的生活习性、生长规律，不能单凭养花人一相情愿的好意去侍弄。尊重花草的生长习性，为它创造适宜的生长环境，它就自会长出一片蓬勃灿烂的景色来扮靓你的家居环境。养花如此，育人也是如此。胎宝宝在母爱的孕育下成长，而当他拥有了属于自己的生命的时刻，他便被赋予生存的权利，他需要向世界展示他的生命力量。他一定会有生活的憧憬，个性的追求，所以，作为母亲在引导他们成长的道路上，千万不要抹杀他宝贵的自然天性。

对抗早孕反应的饮食方案

年 月 日 心情

怀孕了固然令人高兴，但接下来的孕吐等早孕反应则会给孕妈妈带来一定的困扰。所以，这一阶段在强化营养的同时，要有意识地调整饮食结构，以减轻早孕反应带来的不良影响。

开始出现早孕反应

在怀孕5～8周，有些孕妈妈到了用餐时间常常会觉得没胃口，特别在早晚会出现恶心呕吐的现象，还有的孕妈妈会对一些有特殊气味的食物很敏感，一闻到就恶心，还伴有头晕、乏力、喜食酸食、厌油等状况，这就是早孕反应。多数孕妈妈的早孕反应会在孕12周左右自行消失。

减轻早孕反应的饮食

◎**摄取充足的水分。**如果孕妈妈出现孕吐反应，每天不仅要补充2升水，还要把因呕吐而丢失的水分弥补回来。不想喝白开水的孕妈妈，可以考虑用牛奶、鲜榨果蔬汁、汤等来代替。另外还可以多吃富含水分的食物，如生菜、瓜类、柑橘类等蔬果。在入睡前可以准备一些果汁、牛奶等饮料，夜里醒来的时候可以喝上两口，以及时补充孕吐所带来的水分缺失，防止出现便秘。在补充水分的同时，也别忘了补充盐或电解质。因为在呕吐时，损失的不仅仅是水分，还有盐。

◎**养成少食多餐的习惯。**每天多吃几餐，每餐少吃一点，尽量不让胃部有过饱或过饿的感觉，可以在床头放一些饼干或者干面包，起床前吃一点，有助于减轻胃部的不适感，不过切记要细嚼慢咽。当胃部感到不适时，只要该食品能帮助缓解痛苦，就可以适量地吃一点。当痛苦有所减轻，就要有意识地使饮食多元化，尽可能多地摄取不同的营养。

◎**注意补充铁质。**孕妈妈血液中的铁质含量不足时，孕吐的症状往往会加重。所以应该相应地调整自己的饮食结构，多吃紫菜、鱼类等食物。

胎教经验分享

研究表明，能够坦然面对孕吐的孕妈妈更容易克服和适应早孕反应的各种不适症状。所以调整好心态是一种应对孕吐的有效方法。

孕妈妈餐桌上的食物“彩虹”

年 月 日 心情

食物所含的色素成分不同，因此呈现出来的颜色也各不相同。而不同颜色的食物对人体能量和营养的补充也存在着差异。因此孕妈妈的饮食也可以丰富多彩。

食物颜色	对应食物种类
白色	牛奶、百合、茭白、藕、海鲜、蛋类等
黄色	玉米、南瓜、杏、黄豆等
红色	西红柿、红苹果、西瓜、樱桃、草莓等
绿色	西蓝花、油菜、菠菜、油麦菜、空心菜、芹菜、圆白菜、竹笋、小白菜、生菜等
黑色	黑米、黑豆、黑芝麻、黑木耳、黑枣、乌梅、海参、紫米等

竹荪酿莴笋

材料 芥蓝200克，竹荪适量，莴笋、芹菜各100克，胡萝卜50克。

调料 A. 盐1小匙，高汤1碗。B. 水淀粉1大匙。

做法

1. 芥蓝去头尾、洗净，放入烧开的水中氽烫至熟，捞出；胡萝卜去皮，切成细末备用。
2. 竹荪泡软， 捞出后去除头尾，切成段；莴笋去老皮，洗净，切成段；芹菜洗净，切段。
3. 将莴笋段、芹菜段均匀插入竹荪段中，然后码入盘中，撒上胡萝卜末，移入蒸锅中蒸约5分钟，取出；锅中倒入调料A煮沸，淋入调料B勾芡，倒入盘中，码上氽烫好的芥蓝即可。

功效

这道菜有红、绿、白三种颜色，富含胡萝卜素、维生素和膳食纤维。

名曲欣赏：《春江花月夜》

年 月 日 心情

《春江花月夜》是一首富有诗情画意的民乐合奏曲，它以月亮为主题，把静谧的夜晚，月亮在东山升起，小舟在江面飘荡，以及水波荡漾、花影摇曳的大自然迷人景色一幕幕地展现在我们眼前，深刻描绘了江上月夜的迷人景象。孕妈妈带着胎宝宝一起来欣赏吧。

欣赏时间

当孕妈妈感到疲惫的时候，这首曲子可以让孕妈妈放松和平静下来。尤其适合在晚上，和爱人以及腹中的胎宝宝，一起享受音乐中的诗情画意与静谧安详。在听音乐的同时，还可以念诵或在脑海中联想张若虚的诗句，曲文结合，更能取得良好的效果。

赏析指导

全曲分成十段，犹如一幅连续的画面：江楼钟鼓、月上东山、风回曲水、花影层台、水云深际、渔歌唱晚、回澜拍岸、桡鸣远籁、欸乃归舟、尾声。

整首曲子通过委婉流畅的旋律，巧妙多变的节奏，丝丝入扣地演奏出了一幅江南水乡的春江月夜风景画。全曲一气呵成，在演奏中，诸种乐器表现着同一主题，使乐曲丰富而和谐。

用琵琶形象地模拟江楼钟鼓、急浪拍岸之声；用二胡表现绵邈的思绪与曲终人不见的淡远之情；用古筝着重模拟流波之声；用洞箫表现舟子唱渔歌时的悠扬声音；钟声传出静谧的气氛；鼓音又增加了暮色江上的气势。全曲表达的形象真切生动，给人以质朴柔美、细腻流丽、色彩柔和之感。细细品味，心境不由得变得怡然自得、恬静闲适，令人不禁对美景如画的江南心驰神往。

创作背景

这首曲子源于一首琵琶独奏曲《夕阳箫鼓》，又名《浔阳夜月》等（汪昱庭传谱）。1925年大同乐会改编为民族管弦乐曲，十分成功。新中国成立后又经多次整理改编，艺术形式更为成熟、完善。

诗歌欣赏：《春江花月夜》

年　　月　　日　　心情

艺术的世界是相通的，欣赏过《春江花月夜》的旋律美，再从文字的角度来品味同一个主题，会带给孕妈妈有更多的体会与领悟。

春江花月夜

春江潮水连海平，海上明月共潮生。
滟滟随波千万里，何处春江无月明。
江流宛转绕芳甸，月照花林皆似霰。
空里流霜不觉飞，汀上白沙看不见。
江天一色无纤尘，皎皎空中孤月轮。
江畔何人初见月？江月何年初照人？
人生代代无穷已，江月年年只相似。
不知江月待何人，但见长江送流水。
白云一片去悠悠，青枫浦上不胜愁。
谁家今夜扁舟子？何处相思明月楼？
可怜楼上月徘徊，应照离人妆镜台。
玉户帘中卷不去，捣衣砧上拂还来。
此时相望不相闻，愿逐月华流照君。
鸿雁长飞光不度，鱼龙潜跃水成文。
昨夜闲潭梦落花，可怜春半不还家。
江水流春去欲尽，江潭落月复西斜。
斜月沉沉藏海雾，碣石潇湘无限路。
不知乘月几人归，落月摇情满江树。

赏析　诗歌《春江花月夜》是唐代诗人张若虚的作品，全诗三十六句，每四句换一韵，描绘了一幅春江夜晚的壮丽画面，又通过花的美丽和月的梦幻，衬托出整个画面的恬静和幽美。诗句清丽自然，韵调婉转优美，意境空明澄澈，富含哲理，真挚动人。

巧手DIY：自制舒适的宝宝睡袋

年　月　日　心情

闲暇时，孕妈妈不妨来学习如何变废为宝，用闲置的衣物来给小宝宝改造生活必需品。这么经济实惠又具有胎教意义的活动何乐而不为呢？下面我们隆重推出“宝宝睡袋”的改造方法，希望通过今天的尝试，孕妈妈能收获一份成就感和好心情。

制作步骤

1. 先找出一件废旧的T恤衫，将T恤衫的圆形领剪掉（图①、图②）。因为T恤衫一般都是成年人穿的，并且成年人衣服的领子比较硬，而宝宝的皮肤很娇嫩，所以应该剪去硬领，以免擦伤宝宝的皮肤。
2. 将T恤衫的袖口剪去，以方便宝宝将小胳膊露出来，扩大其活动空间（图③）。
3. 将T恤衫的一侧剪至袖口的连接处，将此作为睡袋的入口（图④）。
4. 用T恤衫的袖口裁剪成12根宽度、长度均相同的小系带（图⑤）。
5. 将做好的系带分别缝在衣服的侧面开口处和底部（图⑥）。
6. 到此为止宝宝的睡袋就基本上已经做好了。孕妈妈还可以在睡袋合适的位置上绣上自己喜欢的图案，这样看起来就更加漂亮，而且也不会显得单调了（图⑦）。

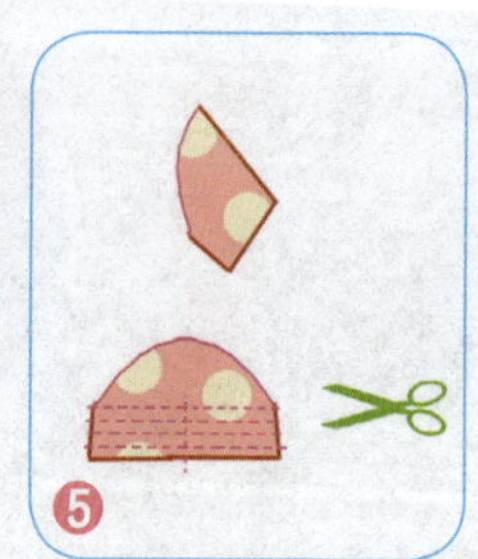

折只可爱的小青蛙

年 月 日 心情

今天，孕妈妈该活动活动手指了，来给胎宝宝折一只可爱的小青蛙吧！折纸青蛙的方法非常简单，赶快来试试！

制作步骤

1. 选一张正方形的纸，然后沿着中间对折（图①）。
2. 压折其中一个角（图②）。
3. 再压折另外一个角（图③）。

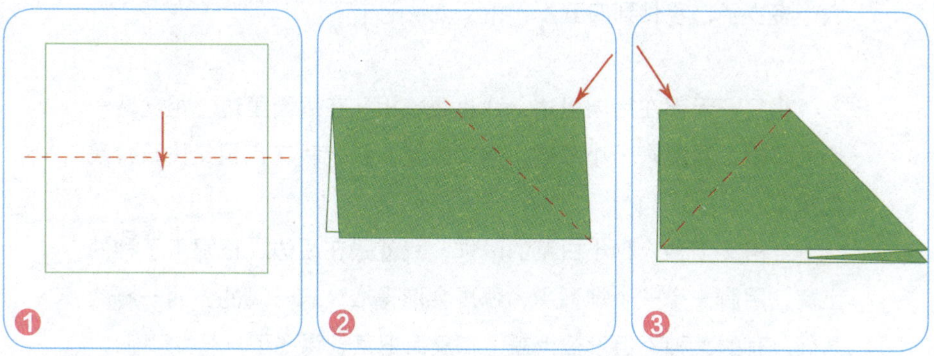

4. 将朝上的那一面的两个角向上折，作为青蛙的两条前腿（图④）。
5. 再将青蛙反过来，使其两条前腿着地，将朝上一面的两个角向内折，当成青蛙的两个后腿（图⑤）。
6. 最后再为青蛙画上眼睛（图⑥）。

经典阅读：《呼兰河传》节选（一）

年　月　日　心情

萧红是现代文坛上著名的才女之一，她在《呼兰河传》里写出自己记忆中的家乡，一个北方小城镇的美丽以及人民的善良与淳朴。今天，孕妈妈就带着胎宝宝来领略一下小城镇的风土人情与充满童趣的乡间生活吧。

呼兰河这小城里边住着我的祖父。我出生的时候，祖父已经六十多岁了，我长到四五岁，祖父就快七十了。

……

祖父一天都在后园里边，我也跟着祖父在后园里边。祖父戴一个大草帽，我戴一个小草帽，祖父栽花，我就栽花；祖父拔草，我就拔草。

当祖父下种，种小白菜的时候，我就跟在后边，把那下了种的土窝，用脚一个一个地溜平，哪里会溜得准，东一脚的，西一脚的瞎闹。有的菜种不但没被土盖上，反而把菜子踢飞了。

……

祖父铲地，我也铲地；因为我太小，拿不动那锄头杆，祖父就把锄头杆拔下来，让我单拿着那个锄头的“头”来铲。其实哪里是铲，也不过爬在地上，用锄头乱勾一阵就是了。也认不得哪个是苗，哪个是草。往往把韭菜当做野草一起地割掉，把狗尾草当做谷穗留着。

等祖父发现我铲的那块满留着狗尾草的一片，他就问我：“这是什么？”我说：“谷子。”祖父大笑起来，笑得够了，把草摘下来问我：“你每天吃的就是这个吗？”我说：“是的。”我看着祖父还在笑，我就说：“你不信，我到屋里拿来你看。”

经典阅读：《呼兰河传》节选（二）

年 月 日 心情

我跑到屋里拿了鸟笼上的一头谷穗，远远地就抛给祖父了。说：“这不是一样的吗？”祖父慢慢地把我叫过去，讲给我听，说谷子是有芒针的。狗尾草则没有，只是毛嘟嘟的真像狗尾巴。

祖父虽然教我，我看了也并不细看，也不过马马虎虎承认下来就是了。一抬头看见了一个黄瓜长大了，跑过去摘下来，我又去吃黄瓜去了。

……

太阳在园子里是特大的，天空是特别高的，太阳的光芒四射，亮得使人睁不开眼睛，亮得蚯蚓不敢钻出地面来，蝙蝠不敢从什么黑暗的地方飞出来。是凡在太阳下的，都是健康的、漂亮的，拍一拍连大树都会发响的，叫一叫就是站在对面的土墙都会回答似的。

花开了，就像花睡醒了似的。鸟飞了，就像鸟上天了似的。虫子叫了，就像虫子在说话似的。一切都活了。都有无限的本领，要做什么，就做什么。要怎么样，就怎么样。都是自由的。倭瓜愿意爬上架就爬上架，愿意爬上房就爬上房。黄瓜愿意开一个谎花，就开一个谎花，愿意结一个黄瓜，就结一个黄瓜。若都不愿意，就是一个黄瓜也不结，一朵花也不开，也没有人问它。玉米愿意长多高就长多高，它若愿意长上天去，也没有人管。蝴蝶随意的飞，一会从墙头上飞来一对黄蝴蝶，一会又从墙头上飞走了一个白蝴蝶。它们是从谁家来的，又飞到谁家去？太阳也不知道这个。

只是天空蓝悠悠的，又高又远。可是白云一来了的时候，那大团的白云，好像洒了花的白银似的，从祖父的头上经过，好像要压到了祖父的草帽那么低。我玩累了，就在房子底下找个阴凉的地方睡着了。不用枕头，不用席子，就把草帽遮在脸上就睡了。

强化腰部和骨盆力量的体操

年 月 日 心情

为了准备好承托日益增大的子宫，并保证日后顺利分娩，孕妈妈有必要提前进行腰部和骨盆力量的锻炼，以增强腰部和骨盆肌肉的张力，使怀孕和分娩更加轻松。

运动方法

1. 孕妈妈坐在健身球上，双腿叉开，并与地面垂直。上身保持正直，双手自然地放在两膝上（图①）。
2. 左手叉腰，右手姿势不变，上半身向左侧倾斜（图②）。
3. 吸气，上半身缓慢恢复正直状态，然后左手扶膝，右手叉腰，身体向右侧倾。重复动作6~8次即可（图③）。

①

②

③

运动功效

这套操可使腰部和骨盆关节变得更加柔软，有利于分娩。

注意事项

◎如果孕妈妈的平衡感不好，准爸爸最好站在旁边一直看护，以免发生意外。

◎一定要买质量好的健身球。

◎腰腹部充分收紧才有助于孕妈妈保持平衡，并能充分运动骨盆。

晨风漫步，共享朝阳

____年____月____日　　心情________________

准爸爸选择一个天气晴好的清晨，带着妻子到处走走吧。与爱妻一起回忆恋爱时的美好情景，朝阳、晨光、微风，配合着准爸爸柔和的声音与温婉的情怀，让浓浓的爱沐浴着孕妈妈，就连未出生的胎宝宝也能感受到父母之间的恩爱呢。

散步的好处

散步主要有以下四个方面的益处。

◎**让身体吸入充足的氧气。**散步时，孕妈妈吸入体内的氧气会比静坐时高出2~3倍，这些氧气会通过脐带输送给胎宝宝。经常散步还可以增强心肺功能，使孕妈妈养成腹式呼吸的习惯，这也可以减轻孕妈妈生产时的阵痛。

◎**缓解水肿和腰痛的症状。**散步对促进孕妈妈血液循环也很有好处。如果从孕早期就坚持经常散步，可以明显地减轻孕期浮肿和腰痛的症状。

◎**使胎宝宝的皮肤受到适当的刺激。**散步可以使子宫进入规律的收缩状态，刺激胎宝宝的皮肤，进而刺激脑部神经，这对于胎宝宝的脑神经发育是十分有益的。

◎**解除压力。**在树林中漫步，可以自然而然地放松身心，进而缓解压力，使孕期的不少小毛病不翼而飞。

散步的注意事项

◎**孕早期散步要适度。**孕早期进行活动要以轻和慢为原则，散步是最值得推荐的孕早期运动。散步的时间以15~20分钟为宜，而且散步的节奏不要太快。

◎**每天散步30分钟。**散步的最佳时段是上午10点到下午2点。这段时间里孕妈妈的身心状态较为稳定。每天散步30分钟就可以发挥胎教的效果。一般来说每周最好散步3~5次。孕妈妈也可以根据自己的身体情况适当地进行调节。

◎**腹部疼痛时要立即停止散步。**孕妈妈在身体疲倦的时候容易产生腹部疼痛的感觉。一旦产生明显的疲劳感或腹部疼痛的感觉，就要立即停止散步，停下来休息片刻再继续走。如果出现冒冷汗或眩晕的情况，则应立即去医院接受诊断和治疗。

电影欣赏：《小鞋子》

年　月　日　心情

伊朗电影《小鞋子》以儿童的视角讲述了一个关于鞋子的故事。影片中纯朴善良的人们尽管遭受着贫困的折磨，却始终拥有宽广的心胸，表现得乐观开朗、热爱生活。他们将带你走进那个纯净的世界，让你领悟到淳朴、坚强、善良的意义。赶快来欣赏吧。

简介

片名 Children of Heaven

译名 小鞋子/天堂的孩子

导演 马基德•马基迪

主演 穆罕默德•阿米尔•纳吉/ 阿米尔•法罗克•哈什米安 / 巴哈丽•西迪奇

类型 剧情

制片国家/地区 伊朗

语言 波斯语

上映日期 1998-04-22

片长 89 分钟

影片中家境贫寒的男孩阿里帮妹妹取回修补好的鞋子时，不慎将鞋子弄丢。为了不被父母责罚，他央求妹妹达成协议，两人替换着穿他的鞋子上学，并答应一定会帮她买双新鞋子。阿里原本指望用他和父亲进城打工挣的钱帮妹妹买双新鞋，但是父亲的意外受伤打消了他的美梦。看到全市长跑比赛季军的奖品是一双运动鞋时，阿里决定参加比赛，并下决心一定要得第三名！ 阿里是否能够获得奖品，妹妹又是否能够如愿得到梦寐以求的鞋子呢？孕妈妈看了影片就知道了。

赏析

《小鞋子》延续了伊朗电影独特的简朴风格，真实地描摹了伊朗人的生活。它是献给成人的童话，可以唤醒人们对童年遥远的记忆。影片中的孩子百折不挠的追求以及导演对社会底层人士的关怀让人感动。影片结尾金鱼亲吻孩子双脚的画面，颇具美感与创意。

多和胎宝宝说说话

年 月 日 心情

孕妈妈对胎宝宝说说带有正面感情色彩的话，会使胎宝宝获得愉快的情绪。所以孕早期，让自己练习变成一个话匣子是最好不过的事。孕妈妈可以把一天当中所遇到的琐事都向胎宝宝一一道来，现在就从向胎宝宝打招呼开始做起吧。

谈话的内容

◎**早上起来时：**“宝宝，你睡得好吗？今天的天气很好，天空很蓝，还有一大片一大片的白云，希望你今天过得开心！”

◎**吃饭时：**“今天爸爸给我们做了好多好吃的，竹荪你喜欢吗？它好吃又有营养，我们快来尝尝吧！”

◎**听音乐时：**“宝宝，这首曲子很美，是不是？让妈妈想起了小时候，在黄昏的田野里玩耍的时光。等你长大了，妈妈也带你去田野里玩，我们去摘野花和野海棠好不好？”

◎**发生胎动时：**“小淘气，你又在踢妈妈了。妈妈陪你一起玩好不好？来，妈妈拍这里，你也拍一下。嗯，宝宝好棒！”

空闲的时候准爸妈可以多和胎宝宝说说话，让胎宝宝感受到你们无限的爱意。

谈话的注意事项

◎**调整说话前的情绪。**不要试图掩饰自己的情绪和状态，因为声音会把一切都显露出来。如果孕妈妈心情不好，却佯装心情很好地与胎宝宝对话，胎宝宝必然会从中感到某种不自然而心绪不安。所以在与胎宝宝说话之前，孕妈妈要调整好自己的情绪。

◎**多多表扬胎宝宝。**实验证明，胎宝宝很喜欢那些赞许的、亲昵的语言，如“多香的牛奶啊”，“我们的小宝宝真棒”等。

诗歌欣赏：《山居秋暝》《田园乐》

年　月　日　心情

王维是唐代山水田园诗派的代表人物。他的田园诗在百花争艳的唐诗苑中皎皎悦目，堪称奇葩。今天，孕妈妈和胎宝宝就一起来欣赏两首王维的诗吧。

山居秋暝

空山新雨后，天气晚来秋。
明月松间照，清泉石上流。
竹喧归浣女，莲动下渔舟。
随意春芳歇，王孙自可留。

赏析

诗中将秋雨初晴后的天高云淡、万物空灵以及浣女归来竹林中的喧笑声、渔船穿过荷花的动态，和谐完美地融合在一起，给人一种丰富新鲜的感受。它像一幅清新秀丽的山水画，又像一支恬静优美的抒情乐曲，体现了诗画结合的特点。尤其是颔联二句“明月松间照，清泉石上流”，对仗极工整而又丝毫没有雕琢的痕迹。

田园乐

萋萋春草秋绿，
落落长松夏寒。
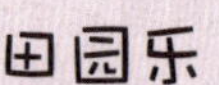
牛羊自归村巷，
童稚不识衣冠。

赏析

诗歌表现了辋川风光和自己生活其间的安闲自在，采用的是以少概多的描写笔法。一句一景，就像一幅幅图画一样，这些画面连接在一起，构成了芳草长松、空寂幽静、民风纯朴的“辋川闲居图”，让人不禁向往隐逸生活的悠闲怡然。王维对“静”境的向往，与他个人热爱自然、热爱生活的秉性是分不开的。正是因为他深谙“静”之道，才能领略到自然的美和心灵的解脱。

诗歌欣赏：《再别康桥》

年 月 日 心情

诗人徐志摩曾经满怀深情地说："我的眼是康桥教我睁的，我的求知欲是康桥给我拨动的，我的自我意识是康桥给我胚胎的。"今天，孕妈妈就带着胎宝宝一起走近这位多情的诗人和他笔下的康桥，感受一下来自康桥的美景与诗人对它的深情吧。

轻轻的我走了，
正如我轻轻的来；
我轻轻的招手，
作别西天的云彩。
那河畔的金柳，
是夕阳中的新娘；
波光里的艳影，
在我的心头荡漾。
软泥上的青荇，
油油的在水底招摇；
在康河的柔波里，
我甘心做一条水草！
那榆荫下的一潭，
不是清泉，
是天上虹；
揉碎在浮藻间，
沉淀着彩虹似的梦。
寻梦？撑一支长篙，
向青草更青处漫溯；
满载一船星辉，
在星辉斑斓里放歌。
但我不能放歌，
悄悄是别离的笙箫；
夏虫也为我沉默，
沉默是今晚的康桥！
悄悄的我走了，
正如我悄悄的来；
我挥一挥衣袖，
不带走一片云彩。

1928.11.6 中国海上

注释

康桥，即是英国著名的剑桥大学所在地。

赏析 这是一首优美的现代抒情诗，诗中描绘了康桥的优美景色，金柳、夕阳、波光、青荇、浮藻、小船、星辉、夏虫……一景一物都折射出诗人故地重游时的情思与离愁，以及对往昔生活的追忆与怀恋。从诗歌艺术的角度来看，这首诗充满灵动的音律美，以及美妙的意境，句式长短也十分整齐，彰显了徐志摩所尊崇的闻一多先生的诗学主张，即音乐美、绘画美、建筑美。

欣赏可爱的宝宝照（第一波）

年　　月　　日　　心情

照片中的宝宝天真可爱，看了是不是想亲一口？多看看漂亮宝宝的照片，保持心情愉快，对自己和胎宝宝都是有益处的，相信孕妈妈将来也一定能生出个超粉嫩、超可爱的小宝宝！

营造温馨清雅的居室气氛

年 月 日 心情

良好的居室氛围可以为孕妈妈装点心情，让孕妈妈感到平静和舒适。所以找个合适的时间着手布置出一个温馨清雅的居室氛围吧。

注意清洁和卫生

孕妈妈的居室要注意清洁和卫生，勤打扫。要经常通风换气，排出浊气，让孕妈妈能够呼吸到新鲜的空气。在这样的居室中，孕妈妈才会感到身心放松和舒适，对孕妈妈的精神和身体都有好处。

摆放绿色植物，感受自然的气息

在客厅或者阳台上摆放一些绿色植物，可以让家人都感受到自然的气息。孕妈妈看到绿色植物时，也会感觉到愉快。植物释放的清新的气体还可以起到提神醒脑的功效呢。

挂上名画或风景照

孕妈妈可以根据自己的喜好将一些名画、明信片或风景照片放在桌子上、墙上以及其他视线可及的一些空白地方。最好选择具有特殊意义或是能够感动自己的、有胎教效果的作品。有的孕妈妈喜欢看宝宝照片，那就找来漂亮的宝宝照片来摆放或悬挂吧。

更换朴素的布艺饰品

简洁、色彩柔和的布艺装饰可以调节居室气氛，让房间变得温馨、雅致、舒适。孕妈妈可以换上颜色素雅的窗帘、沙发垫、床上用品等，让自己走进房间就能感到轻松、安静和温馨。家是人回归平静的地方，对于孕妈妈来说，工作了一天，回到家中享受家庭的平和与温馨，让内心恢复安详和平静很重要。

光线充足且柔和

孕妈妈居室的光线要明亮，柔和。阳光要充足，但是不要过于强烈和刺激，否则对胎宝宝不利。卧室的灯饰最好选用光线隐约向四周扩散的台灯。

孕妈妈须知的饮食调养三阶段

年 月 日 心情

孕期发展的不同阶段，孕妈妈和胎宝宝所需要的营养重点也各不相同，为了保证自身健康以及胎宝宝的正常生长发育，孕妈妈需要了解怀孕不同时期的营养调养重点和具体调养原则，以便给胎宝宝提供更好的营养库存。

阶段	调养重点	具体调养原则
第一阶段（孕1~12周）	克服早孕反应	这一阶段胎宝宝生长速度缓慢，因此孕妈妈每日增长的热量只需30千卡就可以了。孕5周开始会出现早孕反应，因此要以健脾和胃、易消化的食物为主，避免油腻，主食以面食为好，最好是干品，如大麦、饼干、面包干、馒头干等。水果、蔬菜中有健脾和胃功效的也很多，如苹果、熟莲藕、西红柿、卷心菜、茄子、苋菜等，这些食物中均含有丰富的B族维生素、维生素C。如果孕妈妈恶心呕吐严重，可以口含一片生姜，中医称之为“呕家圣药”。总之，保证孕妈妈营养，有利于促进胎宝宝的发育。如果孕妈妈的消化功能弱可适当加服维生素B_1、维生素B_6片剂，连续服用半个月，以增进食欲，减轻不适感
第二阶段（孕13~28周）	补气养血	此时期胎宝宝身体各系统组织迅速发育，体重、身长增长较快，需要大量蛋白质构成胎宝宝的肌肉和筋骨，而且骨骼生长和大脑发育需补充大量的磷、钙，还必须保证一定量的碘、锌及各种维生素，而孕妈妈也需要蛋白质供给子宫、胎盘及乳房的发育。主食可多样化，除吃一般米面食品外，还可用小米煮食来补中益气，调养胃气。补气养血的食物很多，鸡肉、鸡蛋、鹌鹑蛋、土豆、山药、豆制品、黄豆、虾等均为补气之品；猪肝、鸡肝、牛肉、牛奶、鳝鱼、黄花菜、菠菜、桂圆等皆为养血之物
第三阶段（孕29~40周）	储存优质营养	此时胎宝宝体重增加很快，并要在体内储存营养，为出生后独立生存做好准备，母体也要储备营养为分娩的消耗做准备。所以此时要求孕妈妈的食物营养更丰富，质量更高。可选用海参、墨鱼、蚌肉、银鱼、猪瘦肉、银耳、桑葚等食物

考考孕妈妈的脑力和眼力

年　月　日　心情

每个孕妈妈都希望自己的宝宝能够拥有智慧的头脑和敏锐的眼睛，这需要从胎宝宝时候起就能够受到积极的影响和锻炼。下面的两个小题目，可以帮助孕妈妈锻炼自己的脑力和眼力。有了聪慧的孕妈妈，自然会有一个更聪慧的小宝宝。

题目

1.下列12个围棋子拼成的图形中，只能移动3个棋子，怎么移才能使圆形变成一个等边三角形？

2.下图中的三条粗线哪条线最长呢？孕妈妈快来判断一下吧！

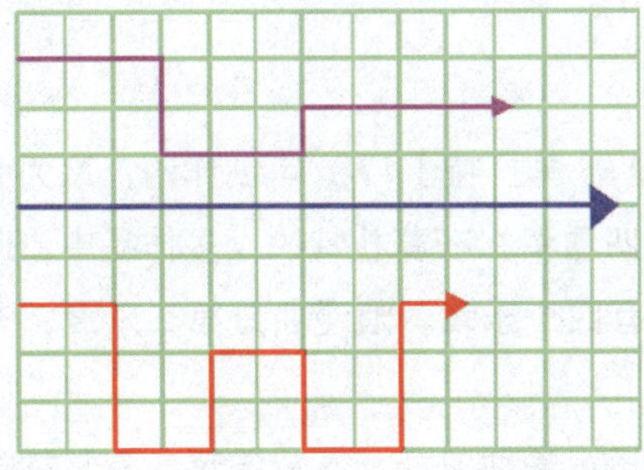

答案

1.

2.第三条线。

名曲欣赏：《浪漫曲》

年 月 日 心情

今天，我们为孕妈妈推荐一首好听的胎教音乐——莫扎特的《G大调弦乐小夜曲——浪漫曲》。这首曲子能够给胎宝宝和孕妈妈创造一个优美愉快的氛围。现在就让我们跟着这位伟大的音乐家走进这首动听的乐曲中，去享受天籁之音吧！

欣赏时间

晚上睡觉前开启这段乐曲，温柔恬静、充满绵绵情思的旋律可以让孕妈妈和胎宝宝放松心情，进入甜美的梦乡。早晨起床后开启这段音乐，可以给孕妈妈带来一天的快乐好心情。

赏析指导

这首优美抒情的浪漫曲主题淳朴、曲调宽广。开始的温柔恬静的旋律，恰如妈妈对宝宝轻轻呢喃。

该乐曲全长3分半钟，乐曲中间部分转到一个新的调上，速度也更为轻快，这是莫扎特音乐特有的欢乐情绪，接着小提琴与低音弦乐相互呼应、交织，进一步烘托了轻松的气氛。乐曲的第三部分升华了浪漫主题。

关于这首曲子

《G大调弦乐小夜曲》是莫扎特于1787年创作的，原为弦乐合奏曲，后来被改编为弦乐五重奏和弦乐四重奏，在莫扎特的众多作品中，此曲较受大众欢迎。《G大调弦乐小夜曲》共有四个乐章，浪漫曲是第二乐章，充满了淳朴、典雅、真挚的感情。

莫扎特的音乐清明高远，愉快淳朴，真挚温暖，常常被誉为“永恒的阳光”和“春泉”。在严酷命运的摧残之下，莫扎特自己得不到抚慰，却永远在温婉地用音乐慰藉着别人。这种默默地承受、孕育、奉献的殉道精神，是他天使般纯洁心灵的写照。他的音乐理念使他的作品非常适合作为胎教音乐。孕妈妈也可以再搜集一些莫扎特的其他作品来做胎教。

电影欣赏：《加菲猫》

____年____月____日　　心情____________

加菲是一只幸福的肥猫，它愤世嫉俗，无所事事，孕妈妈快来看看发生在这个令人又气又爱的超级明星加菲猫身上的故事吧。

简介

风靡动漫界几十年的肥猫加菲被搬上了大荧幕，这只懒惰的猫自诞生以来就是全世界最受欢迎的猫。

片名 Garfield

译名 加菲猫

导演 彼得•休伊特

主演 比尔•默瑞 / 詹妮弗•洛芙•休伊特 / 布瑞金•梅耶 / 斯蒂芬•托布罗斯基

类型 喜剧 / 家庭

制片国家/地区 美国

语言 英语

上映日期 2004-06-11

片长 80 分钟

加菲猫一直在主人乔恩的宠爱下过着悠闲自得的日子，直到有一天，乔恩受美女兽医所托领养了小狗欧迪。欧迪的到来让加菲觉得自己的地位受到了威胁。为了讨主人的欢心，加菲在暗地里与欧迪比赛，可是它感觉自己越来越让主人感到厌恶了。这时，加菲猫将一切都怪在了欧迪的身上。一晚，加菲将欧迪关在门外，原只想惩罚一下欧迪，没想到欧迪被驯狗师捉走了。乔恩四处寻找欧迪未果。加菲感到内疚，于是决定大展身手，偷偷溜出家门，只身前去拯救可怜的欧迪。

赏析

加菲常常语出惊人，并具有人性化的自由享乐主义的独特魅力，让很多人从它身上看到了自己的影子。就像它的“父亲”——漫画家吉姆•戴维斯所评价的那样：“大家爱加菲猫是因为它说出来的话与做出来的事，人们也想说，也想做，却因为环境所限不能完成。”

小家伙已经长得有模有样了

最近妈妈的早孕反应有点大，我知道这是你这个小家伙在考验妈妈呢。妈妈可是不会畏惧挑战的。

 9～12周宝宝成长周历

第9周：告别“胚胎”时期

这个时候胎宝宝的小尾巴消失了，从头部到臀部的长度为50毫米。胚胎期结束了，成为了真正意义上的胎宝宝。

胎宝宝的眼睑开始盖住眼睛，手部在手腕处有弯曲，两脚开始摆脱蹼状的外观，可以看到脚踝。器官、肌肉、神经已开始工作。

第10周：像个扁豆荚

这个时期，胎宝宝从形状和大小来说，看起来像一个扁豆荚。

胎宝宝的脏器和身体发育进入相当活跃的阶段，肾、肺、生殖器和肠胃系统都已存在。

大脑发育也进入“迅速增长期”，脑重量不断增加，脑细胞体积增大，神经纤维增长。身体上长出了肌肉。味蕾在这个时候也出现了。

第11周：小动作特别多

本周胎宝宝开始能做吸吮、吞咽、踢腿的动作。所有维持胎宝宝生命的重要器官，如肝脏以及呼吸器官等完全形成并开始迅速生长。

牙齿开始长出，连手指甲和绒毛状的头发等细微之处也开始发育了。胎宝宝的骨骼细胞生长加快，需要孕妈妈补充充足的钙。

第12周：羊水中小小的舞蹈家

现在胎宝宝的顶臀长大约为87毫米，体重为45克。胎宝宝的手指和脚趾已经完全分开，一部分骨骼开始变得坚硬，并出现关节雏形。

这时，胎宝宝在孕妈妈的肚子里开始不安分了，时而踢腿，时而伸腰，好像在羊水中跳舞一样。随着内生殖器的生长，此时可以分辨出是男宝宝还是女宝宝了。

这一时期的胎教重点任务

情绪胎教

孕3月是胎宝宝发育和各器官分化的重要时期，也是孕妈妈妊娠反应最严重的时期。孕妈妈很容易心情烦躁，所以调节情绪很重要。建议孕妈妈动手做一些有意思的事，如插花、做脑筋急转弯、看幽默故事等，让自己的身体和情绪处于放松的状态之中，并将乐观、开朗的人生态度传递给胎宝宝。

插花

通过欣赏俊逸秀美的书法作品和充满激情与想象力的油画作品，可以带动孕妈妈的思维活动和情感体验，让胎宝宝间接获得美学的熏陶，这对于正处在神经系统发育阶段的胎宝宝来说是非常有益的。

推荐名画　向日葵

冥想胎教可以使孕妈妈和胎宝宝都处于平静和放松的状态。孕妈妈可以想象自己身处于一种美好的意境中，或者也可以冥想胎宝宝的可爱模样。在冥想的过程中，将自己的感觉传递给与自己身心相通的胎宝宝，这对孕妈妈和胎宝宝都有积极意义。

冥想

为图画填颜色（一）

年 月 日 心情

孕妈妈多接触色彩，可以对视觉形成刺激，并增强大脑神经功能，对胎宝宝也是很好的胎教。孕妈妈可以根据自己的喜好来填涂，也可以参考样图。现在孕妈妈就来为下面的图画填上颜色吧。

孩子是妈妈心中最美丽的花朵。想象着这朵可爱的小花正在自己温暖的子宫中孕育，是否有一种别样的感动呢？相信孕妈妈一定会呵护好这朵小花的。

给胎宝宝取个名字吧

年 月 日 心情

宝宝的名字带着父母的爱与期许，陪伴着他一生。现在该考虑给心爱的宝宝起个名字了。给宝宝起完名字后，准爸爸和孕妈妈应经常呼唤宝宝的名字，久而久之，胎宝宝就能将此名字与自己联系起来，胎教进行起来也就更顺畅了，而且效果也会非常好哦！

要想给宝宝起个好名字，可不是件简单的事情。名字要清新独特，有美好的寓意，巧妙地与姓氏搭配更好；在中国人看来，起个含意深刻、讲究字义的好名字是最基本的要求。现在准爸爸和孕妈妈就一起来了解一些取名字的注意事项吧。

避免重复

单字容易和别人重名，用双字较好。还要注意不落俗套，不要跟风，男孩子不要只是英雄豪杰、雄才伟略、大富大贵，女孩不要老是柔美、芬芳、婀娜多姿。这样也能避免重复。给宝宝取名字时一般需要考虑性别因素，以免日后在使用时遇到麻烦。

要易读易写

读起来铿锵顿挫，其谐音也要考虑。起名要注意遵从声调的变化规律，字音要悦耳，注意阴阳平仄，富于节奏感；同声调的字避免出现太多，名字听起来和读起来要顺溜，不要让人叫着饶舌。

名字不但常读，而且以后还会常写，因此名字字形搭配要协调，富于变化，便于书写，选用字的结构不要太单一。尽量少用生僻字，避免造成日后的麻烦。生僻字并不能代表有文化内涵，所以说笔画不宜太多，更不要起个连电脑都无法输入的名字，否则会给生活带来诸多不便。

不要盲目崇洋

现在许多父母想给孩子起个“独特”的名字，于是四个字的名字越来越多。四字名不失为一种尝试，但容易让人误解的名字还是要慎用。作为中国人，还是起个具有中国特色且含意深刻的好名字吧。

准爸爸讲关于云彩和鱼的知识

年 月 日 心情

天上的云彩一朵朵，不断飘动，但是它们为什么不会掉下来呢？鱼在水里游，它们都有自己的年龄，我们如何才能分辨出来呢……大自然的奥妙无穷，准爸爸赶快来给胎宝宝揭秘吧。

怎样分辨鱼的年龄

鱼的一生都生活在水中，除了形体有大有小以外，也和其他动物一样，有自己的年龄。那么，我们怎样才能分辨出它们各自的年龄呢?

其实，鱼的年龄的秘密就写在鱼鳞上。每一片鱼鳞上都有一圈圈弧线形的年轮，这是鱼鳞一年一年向外长大而形成的。我们只需要仔细地去观察一下鱼鳞，认真地数一数上面的圈数，就能知道鱼的年龄了。

云彩为什么不会掉下来

天空中的云朵绚丽多姿，千变万化，一会儿像奔马，一会儿像棉团……可是宝宝知道云彩为什么不会掉下来吗?

云是地面蒸发的水汽上升后遇到高空中的冷空气凝结而形成的。组成云的小水滴极小、极轻，不断上升的空气托住了它们，或者它们在未降落到地面之前就被蒸发掉了，所以云虽然不断地活动，却不会掉下来。

那么，潮湿的空气怎样上升而成为云呢？这是由于日照强烈，热而轻的空气上升，就形成了山形或宝塔状的云；当冷空气前进遇到暖空气时，就会冲到暖空气的下面迫使暖空气上升，这时冷、热空气相交的锋面作用也会产生浓厚的云。如果湿空气遇到山峰、上坡等地形阻挡时，会在迎风山坡形成云雾。

孕妈妈宜经常走到户外，为胎宝宝解释一些常见的现象。

球上芭蕾保健操

年 月 日 心情

孕妈妈对优美高雅的芭蕾舞一定不陌生，今天，我们来练习一套球上芭蕾保健操。它并不需要你踮起脚尖做高难度的芭蕾动作，只需要利用健身球，借用芭蕾的动作找到身体的平衡感，便可以提升身体的优雅度。

运动方法

1. 孕妈妈坐在健身球上，双腿分开，保持身体稳定，双手呈抱球状抬起，与地面保持平行（图①）。
2. 保持左手臂不动，缓慢抬起右手臂，抬至高于头部的位置（图②）。
3. 然后放下右手臂，缓慢抬起左手臂，抬至高于头部。重复动作6~8次即可（图③）。
4. 最后，孕妈妈可将双手同时上举，高举至头顶，然后全身放松，休息（图④）。

运动功效

这套保健操可以增强孕妈妈的体力和身体的平衡感，增加血液含氧量，锻炼胸部肌肉，预防胸部下垂。

注意事项

◎孕妈妈宜坐在健身球中间偏前的位置，以便最大限度地保证自己的安全。

◎在做这套保健操时，肩膀与肘关节要保持放松。

◎孕妈妈要充分收紧腰腹部才能在健身球上保持平衡。

名画欣赏：《向日葵》

年 月 日 心情

向日葵有着和太阳一样的色彩。人们赋予了向日葵深刻的内涵，认为它象征着对光明的追求和一种沉默的爱。所以古今中外的文学和艺术作品中，向日葵是常见的主题。而法国画家梵高的《向日葵》则是非常有代表性的表现向日葵的绘画作品。今天，孕妈妈就带着胎宝宝来欣赏一下吧。

赏析

这幅《向日葵》是法国著名画家文森特•梵高的代表作品。画中的向日葵伸展着金黄色的花瓣，温暖而热情，花蕊则像炽热的火球，火红火红的。整幅画放射出太阳一样的光芒，让人看了不禁感觉情绪振奋。据说梵高在画这幅画时精神非常激动，内心充满激情，我们不难理解，那每一个仿佛在燃烧的花瓣，都是画家对命运的不屈抗争和对光明与理想的不懈追求，粗犷奔放的笔触向人们展示着旺盛的生命力量，给人以极大的鼓舞，不愧为一幅伟大的艺术作品。

梵高的《向日葵》是一部不朽的作品，至今仍受到无数人的热爱和追捧。有不少人专门通过临摹其色彩和神韵来提高自身的油画技艺，并以这种方式向大师表达崇高的敬意。

画家简介

文森特•梵高是荷兰后期印象派的代表画家。他生前饱受穷困和精神疾病的困扰，作品也很难得到当时人们的认可。但他凭借着自己的天分，为我们留下了传世的佳作，除了这幅《向日葵》之外，他还创作了《星夜》、《邮递员鲁兰》、《咖啡馆夜市 》、《包扎着耳朵的自画像》等作品。

趣味数独小游戏（二）

年　月　日　心情

“数独游戏”不仅规则简单，而且变化无穷，在推敲之中完全不必用到数学计算，只需运用逻辑推理能力，所以容易入手、容易入迷。数独不仅有趣好玩，还可以提高孕妈妈的推理与逻辑能力，对胎宝宝的智力发育也是有好处的。孕妈妈赶快来做吧。

题目❶ 难度系数1　用时____分钟

	2		8					9
	1			2		6		
					5	2		
7				3	2		4	
		4		9		8		
	9			1				3
		1	2					
		9		5			6	
4					9		3	

答案❶

5	2	6	8	7	4	3	1	9
8	1	7	9	2	3	6	5	4
9	4	3	1	6	5	2	8	7
7	5	8	6	3	2	9	4	1
1	3	4	5	9	7	8	2	6
6	9	2	4	1	8	5	7	3
3	8	1	2	4	6	7	9	5
2	7	9	3	5	1	4	6	8
4	6	5	7	8	9	1	3	2

题目❷ 难度系数1　用时____分钟

7	6	1		3			2	5
3	5				8	1		7
	2				7		3	4
		9			6	3	7	8
		3	2	7	9	5		
5	7		3			9		2
1	9	5	7	6				
8	3	2	4			7	6	
6	4	7		1		2	5	

答案❷

7	6	1	9	3	4	8	2	5
3	5	4	6	2	8	1	9	7
9	2	8	1	5	7	6	3	4
2	1	9	5	4	6	3	7	8
4	8	3	2	7	9	5	1	6
5	7	6	3	8	1	9	4	2
1	9	5	7	6	2	4	8	3
8	3	2	4	9	5	7	6	1
6	4	7	8	1	3	2	5	9

书法欣赏：《兰亭序》

年　　月　　日　　心情

东晋著名的书法家王羲之博采众家之长，书法技艺精湛，世人赞颂他为“书圣”。他的代表作品《兰亭序》代表了书法艺术的最高成就，自问世以来就受到世人的追捧，今天孕妈妈就来欣赏一下吧。

赏析

历代书法家都推崇《兰亭序》为“天下第一行书”，世人常用曹植的《洛神赋》中“翩若惊鸿，宛若游龙，荣曜秋菊，华茂春松。仿佛兮若轻云之蔽月，飘兮若流风之回雪”一句来赞美王羲之的书法之美。这些赞誉之词一点也不夸张。

从书法艺术的角度来说，王羲之将东晋人所特有的超然气质、襟怀和情操，都糅进了作品之中，挥洒自如，收放有度，颇有行云流水、潇洒俊逸的风度。其雄秀华美之气，自然天成，一改汉魏以来质朴古拙的书风。

作者简介

王羲之（303－361，一作321－379），字逸少，东晋书法家。原籍琅琊（今属山东临沂），居会稽山阴（今浙江绍兴）。官至右军将军，会稽内史，人称“王右军”、“王会稽”。王羲之出身于两晋的名门望族，他十二岁时就得到父亲传授笔法论，还师从当时著名的女书法家卫夫人学习书法。以后他博采众长，最终自成一家，成为一代“书圣”。

学习插花艺术

年 月 日 心情

插花是一种非常雅致的艺术，也是陶冶性情的一种好方法，今天，孕妈妈就来学习插花的技巧，让孕妈妈的情绪从插花中得到渲染，让胎宝宝的美学意识从插花中得到启发。

准备工具

一个柳条编织花篮，一把剪刀。

选花

插花时，孕妈妈可以选择一些色彩柔和的花朵，例如，淡粉色的玫瑰就是很好的选择，另外，翠绿的草枝、淡粉色和白色的满天星、白色的康乃馨、深粉色的玫瑰等都可作为选花的目标。在选花的时候只要注意色彩的搭配就可以了。

插花示例

首先要剪下绿色的草枝，然后把它们分别插在预先准备好的花篮的边缘，最好是把小篮的边缘都插满。最后在小篮的中间多放些剪下来的草枝，这样看上去，就像是一个立起来的草坪一样，充满生机。

接下来，就可以往“草坪”上面插花了，先剪下深粉色的玫瑰，把它们分别插到小花篮的各处，然后再用淡粉色的玫瑰加以点缀，注意玫瑰插得不要太密。最后再将几朵白色康乃馨穿插在花丛中，这样花的颜色就会相互映衬出来。如果有花苞的话，还可以在中间插上一两朵花苞，这样就富有变化，而且更有生机了。

满天星是最常见的花了，它往往是被用来做点缀的。孕妈妈可以把它剪成若干个小枝，分别插在花的中间，不用太讲究，按照自己的审美观来做就可以了，这时，胎宝宝也会被孕妈妈愉快的心情所感染。

胎教经验分享

鲜花插入花瓶之前，要把花脚倾斜45度角剪短2～3厘米，将花脚原来的伤口处剪掉，打通吸水的管道，鲜花就可以开得更长久了。

做几道开胃养胃的美味营养菜

年 月 日 心情

孕早期，吃一些开胃养胃的美味菜肴，对于促进孕妈妈食欲以及缓解呕吐症状有很好的调理作用。此时敏感的孕妈妈闻不了厨房里的油烟味，所以，下厨的重任就交给准爸爸吧。

西红柿烧牛腩

材料 牛腩200克，姜末、葱花各适量，西红柿250克。

调料 番茄酱、白醋、盐、白糖各适量。

做法

1. 将牛腩切成小块，汆烫片刻，沥干；西红柿去蒂，切大块。
2. 油锅烧热，放入姜末炒香，放入牛腩块、番茄酱、白醋、盐、白糖翻炒。加适量水，以大火煮沸，再转为小火炖煮30分钟左右。加入西红柿块续煮1小时左右，待牛腩块软烂、汤汁收干时，撒入葱花即可。

炒素什锦

材料 鲜蘑片、香菇片、黄瓜段、胡萝卜段、西红柿片、西蓝花、玉米笋段、荸荠、莴笋、紫菜头各40克，姜片适量。

调料 盐、酱油、水淀粉、鸡汤各适量。

做法

1. 西蓝花掰成小朵；荸荠、莴笋、紫菜头均削成球状；将所有材料分别汆烫，捞起沥干。
2. 锅内倒油烧热，将汆烫好的材料放入锅内翻炒，倒入鸡汤，加盐、酱油翻炒入味，用水淀粉勾芡即可。

童话故事：《七只乌鸦》节选

年 月 日 心情

今天，孕妈妈来给胎宝宝讲一个温暖的亲情故事吧。故事中，妹妹为了拯救七个哥哥而独自上路，历尽艰险，这种亲情十分令人感动。

从前，有一个人，他有七个儿子。可是，他一直想要个女儿，却始终没有。好不容易，他的妻子又要生孩子了。这回是个女儿。他非常高兴。可是孩子又瘦又小，他只得赶快请求神父，立刻给女儿做洗礼。他吩咐大儿子，让他到井中去打水。其他六个儿子也一起跟着去了，儿子们争着先打水，结果水罐掉入井里了。他们站在那里，不知道如何是好，谁也不敢回家。父亲在家等得不耐烦了，说："他们一定贪玩忘了打水，这帮不知感恩的男孩！"他担心女儿未经洗礼就会死去，气愤至极，便大声说："淘气鬼，全都变成乌鸦才好呢！"话刚说出口，只听到头顶上一阵飕飕飞动的声音。抬头一看，七只木炭一般黑的乌鸦飞过去了。

父亲不能收回诅咒，他为同时失去七个儿子感到十分悲伤。只有可爱的小女儿让他稍有安慰。不久以后，女儿身体越来越好，而且长得一天比一天漂亮，十几年后变成了美丽的大姑娘。长大后的姑娘在很长时间内都不知道自己还有哥哥，因为父母亲十分留意，从不提到他们。有一天，姑娘听到别人议论自己，说正是由于她的缘故，她的七个哥哥变成了乌鸦。姑娘十分悲伤，找到父母询问这件事。父母知道无法再保守秘密。他们只好说，这一切都是天意，姑娘的出生和这些事情无关。姑娘每天都在谴责自己，认为自己应该去寻找哥哥们，于是有一天，她悄悄动身，只带了父母的戒指便离开家。

成语故事：《愚公移山》

年 月 日 心情

自古以来，愚公凭借人定胜天的信念排除万难，造福一方的故事就激励着千千万万的炎黄子孙，想必也会给儿时的孕妈妈留下了深刻的印象吧。今天，孕妈妈就来给胎宝宝声情并茂地讲述愚公移山的故事吧，让胎宝宝从现在开始培养坚韧不拔的精神。

太行、王屋两座山本来在冀州的南面，黄河的北面。北山愚公将近九十岁了，面山居住。他苦于山北交通阻塞，进出要绕远道，就召集全家来商量：“我要和你们尽全力挖平险峻的大山，一直通到豫州的南部，到达汉水的南岸，可以吗?”大家纷纷表示赞成。于是他率领挑担子的三个儿孙，敲凿石头，挖掘泥土，用箕畚搬运到渤海的边上。邻居京城氏的寡妇有个孤儿，刚七八岁，也蹦蹦跳跳地去帮助他们。寒来暑往，季节交换，才往返一趟。

河曲智叟笑着劝阻愚公说：“你太不聪明了。凭你在世上这最后的几年，剩下的这么点力气，连山上的一棵草都铲除不了，又能把泥土、石头怎么样呢？”北山愚公长长地叹息说：“你思想顽固，顽固到了不能通达事理的地步，连孤儿寡妇都不如。即使我死了，还有儿子在呀；儿子又生孙子，孙子又生儿子；儿子又有儿子。儿子又有孙子，子子孙孙会一直繁衍下去，没有穷尽。可是山却不会增高加大，还用担心挖不平吗？”河曲智叟无话可答。

山神听说了这件事，怕他没完没了地挖下去，向天帝报告了。天帝被愚公的诚心所感动，命令大力神夸娥氏的两个儿子背走了那两座山，一座放在朔方的东部，一座放在雍州的南部。从那时开始，冀州的南部直到汉水南岸，再也没有高山阻隔了。

绕口令（一）

年 月 日 心情

绕口令是很有意思的语言游戏，练习绕口令，主要是训练孕妈妈按照正确的发音方法和发音部位吐字发音。经常训练可以使孕妈妈变得更加口齿伶俐、吐字清晰、发音准确，对语言表达很有帮助。一个语言能力强的妈妈养育的宝宝将来自然也会是语言上的强者。

小花鼓

一面小花鼓，
鼓上画老虎。
宝宝敲破鼓，
妈妈拿布补。
不知是布补鼓，
还是布补虎。

严圆眼和严眼圆

山前有个严圆眼，
山后有个严眼圆，
二人山前来比眼，
不知是严圆眼比严眼圆的眼圆，
还是严眼圆比严圆眼的眼圆？

倒吊鸟

梁上两对倒吊鸟，
泥里两对鸟倒吊。
可怜梁上的两对倒吊鸟，
惦着泥里的两对鸟倒吊，
可怜泥里的两对鸟倒吊，
也惦着梁上的两对倒吊鸟。

鹅

坡上立着一只鹅，
坡下就是一条河。
宽宽的河，肥肥的鹅，
鹅要过河，
河要渡鹅。
不知是鹅过河，还是河渡鹅？

脑筋急转弯（一）

年　　月　　日　　心情

有趣的脑筋急转弯能够训练孕妈妈的逆向思维能力，还可以让孕妈妈开心一笑，赶快来做做看吧。

题目

1.二三四五六七八九。猜一成语。

2.一个人无法做，一群人做没意思，两个人做刚刚好。请问是什么事?

3.有一位刻字先生，他挂出来的价格表是这样写的：刻“隶书”4角；刻“仿宋体”6角；刻“你的名章”8角；刻“你爱人的名章”1.2元。那么他刻字的单价是多少?

4.一个人有三根头发，为什么他还要剪掉一根?

5.医生给了你三颗药丸，要你每半个小时吃一颗，请问吃完需要多长时间?

6. 一头被10米绳子拴住的老虎，要如何吃到20米外的草?

7.人在不饥渴时需要的是什么水?

8.右手永远抓不到什么?

9.有对一模一样的双胞胎兄弟，哥哥的屁股有黑痣，而弟弟没有。但即使这对双胞胎穿着相同的服饰，仍然有人可立刻知道谁是哥哥，谁是弟弟。究竟是谁呢?

10.地球有两处地方，昨天可以是今天，今天可以是明天，那地方是哪?

11.两只狗赛跑，甲狗跑得快，乙狗跑得慢，跑到终点时，哪只狗出汗多?

12.有种动物，大小像只猫，长相又像虎，这是什么动物?

13.有一个人一年才上一天班又不怕被解雇他是谁?

14.什么东西天气越热，它爬得越高?

15.为什么青蛙可以跳得比树高?

答案

1.缺衣（一）少食（十）。

2.说悄悄话。

3.每个字两角。

4.他想做三毛的哥哥。

5.一个小时。

6.老虎不吃草。

7.薪水。

8.右手。

9.他们自己。

10.南极和北极。

11.狗没有汗腺，不出汗。

12.小老虎。

13.圣诞老人。

14.温度计。

15.树不会跳。

准爸爸讲不倒翁和彩虹的知识

年　月　日　心情

准爸爸也是胎教中的重要角色，空闲的时候，不妨利用自己的博学和智慧给胎宝宝讲一些小知识，为胎教出一份力吧。今天，准爸爸来和孕妈妈、胎宝宝一起分享一下不倒翁永不倒和雨后彩虹的奥秘吧。

为什么不倒翁不会倒

为什么不倒翁不会倒呢？这里面的秘密在于一个物理常识：稳定平衡的原理。

不倒翁的整个身体很轻，但在它的底部有较重的铅块或铁块。这块物体可以使它的重心降得很低，这使得不倒翁和桌子之间有一个很大的支撑。这两点能够使得物体保持稳定，不易滑倒。而且底部这坨物体底面积大而圆滑，容易摆动，当不倒翁向一边倾斜时，由于支点（不倒翁和桌面的接触点）发生变动，重心和支点就不在同一条铅垂线上，这时候，不倒翁倾斜的程度越大，重心离开支点的水平距离就越大，重力产生的摆动效果也越大，使它恢复到原位的趋势也就越显著。这就是不倒翁永远推不倒的秘密所在。

为什么雨后天空会出现彩虹

在炎热的夏日，一阵暴雨过后，有时天空会出现一条美丽的七色光环，从南向北横挂在高空中，令人赏心悦目，这就是彩虹。那么，天空中为什么会出现七色彩虹呢？彩虹是雨过天晴后，阳光照射在天空中的水滴上，水滴反射、折射阳光而形成的。雨后众多的小水滴就像悬挂在空中的三棱镜，将通过的阳光分解成红、橙、黄、绿、青、蓝、紫七色光带，然后反射出去形成了虹。有时在虹的外侧还会出现第二道虹，被称为副虹或霓。

准爸爸也胎教

准爸爸也有胎教的责任，而且是孕妈妈无法代替的。作为胎宝宝的父亲，用讲故事、陪伴和爱抚胎宝宝的方式参与到胎教中，可以给妻子和胎宝宝带来安全感和幸福感，对胎宝宝的成长发育起到不容忽视的作用。所以，准爸爸要充分认识到自己的责任，及时进入角色。

电影欣赏：《想飞的钢琴少年》

年　　月　　日　　心情

很多父母都有望子成龙、望女成凤的心态，但是孩子的成长更需要的是爱、快乐与鼓励。今天的电影欣赏，给孕妈妈和胎宝宝带来的是一个天才少年的成长故事。希望看了影片的爸爸妈妈都不要犯片中父母的错误，不要忽视孩子内心的需求。

简介

片名 Vitus

译名 想飞的钢琴少年

导演 佛瑞迪•穆勒

主演 布鲁诺•甘兹 / 法布里奇欧•柏桑尼 / 泰欧•盖尔基

类型 剧情

制片国家/地区 瑞士

语言 英语

上映日期 2006－12－07

片长 120 分钟

影片中维特斯是个天才少年。父母希望维特斯未来成为伟大的钢琴家，但是维特斯自己却不知道要成为什么。他渐渐发现高智商成为了自己的负担，他很孤独。维特斯把自己的烦恼告诉给他最信任的古灵精怪的爷爷，爷爷告诉他，理想只是生活的一部分，人生在世所要做的是顺着命运的安排勇往直前。维特斯领悟了爷爷的话，决定不再为他人而活。爷爷去世了。于是他戴上爷爷和他亲手打造的翅膀，飞上天际，降落在曾被他拒绝的钢琴老师家门前……

赏析

影片充满温情，富有诗意，又十分有趣，其中也蕴含了一些成长之道和教育之道。它让为人父母者不禁思考，当我们替孩子规划好一切的时候，是否应该考虑一下他的感受？影片中有多段精彩的钢琴演奏，据说，扮演维特斯的小男孩本身就是一名音乐神童。影片中的钢琴曲全都由他亲自演奏。

巧手DIY：自制随身钱包

年 月 日 心情

钱包是生活中常用的物品之一，与其花钱买一个，不如孕妈妈自己动手做。自己做出的钱包也可以很结实很漂亮；而且自己动手既省钱，又可以锻炼手指和大脑的灵活度，还可以集中注意力，并享受到成就感，对于胎宝宝也是有益的胎教。

制作步骤

1. 先准备4条6.5厘米宽、31厘米长的彩色布条，并用针线将其缝在一起（图①）。
2. 在第3条布的左侧缝上几个花色纽扣（图②）。
3. 在布的内侧垫上一层绵，并用棉布封好，以保证成品的形状和质感（图③）。
4. 取一块21厘米宽、31厘米长的棉布，裁成12厘米宽、21厘米长以及19厘米宽、21厘米长的两块，分别将其对折，缝在里布的内侧，装上拉链（图④）。
5. 再取一块21厘米宽，69厘米长的棉布，用剪刀将其剪成四块，规格分别是21厘米宽、25厘米长；21厘米宽、18厘米长；21厘米宽、14厘米长；21厘米宽、12厘米长。然后将每块布对折，缝在内布上，插放卡的袋子就形成了（图⑤）。
6. 然后取一块长3厘米、宽14厘米的花布，对折缝在拉链右侧，用来装放笔之类比较细的物品（图⑥）。
7. 取一个小布条，对折后做成插袋，缝制在储物袋上，并将纽扣安放在合适位置。将做好的所有部件都按各自的位置放好，烫到铺棉上固定好。然后滚边，钱包就完工了（图⑦）。

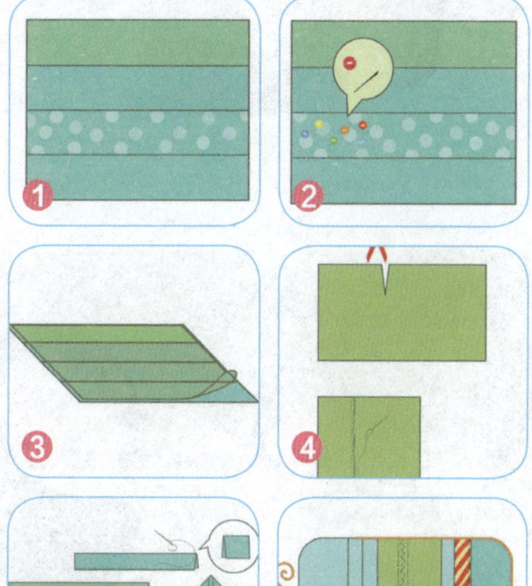

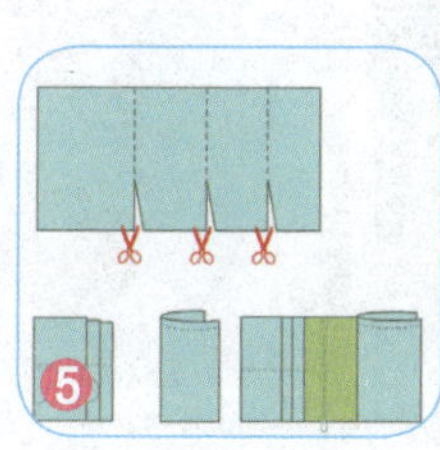

欣赏温馨亲子照（第一波）

年 月 日 心情

亲子照记录了家庭的温馨时刻，代表着爸爸妈妈对宝宝的爱。孕妈妈可以收集一些亲子照片，从照片上每个人物的表情、眼神和动作，去感受爱的传递。同时，孕妈妈可以进行冥想，闭上眼睛，想象爱的养分正在通过脐带源源不断地输送给胎宝宝。

动漫电影欣赏：《龙猫》

年　月　日　心情

日本导演宫崎骏讲过一个传说，据说在乡下，有一种神奇的小精灵，一般的人看不到它们，只有纯真的孩子能够一睹它们的真容。因为这个传说，后来诞生了《龙猫》这部影片。今天孕妈妈就来欣赏一下吧，欣赏影片的同时还可以想象自己在乡间的愉快生活，说不定你也能够听到身边的大龙猫的呼吸呢。

简介

《龙猫》再现了一段无拘无束的童年时光，是一部公认的杰作。

片名　となりのトトロ

译名　龙猫

导演　宫崎骏

类型　动画

制片国家/地区　日本

语言　日语

上映日期　1988-04-16

片长　86 分钟

影片中小学生小月和她4岁的妹妹小梅跟着父亲搬到乡间一所被人戏称为“鬼屋”的旧屋里居住。妈妈生病住院了，她们都很担心，但乡间的环境让她们感到十分新奇，在这里，她们遇到了龙猫，更与一只大大胖胖的龙猫成为了朋友。龙猫利用它们的神奇力量，为小月与小梅带来了很多神奇的景观，令她们大开眼界。妹妹小梅挂念生病中的妈妈，但是小月没有答应带她去医院看望，小梅竟然抱着送给妈妈的玉米独自前往，途中迷路了，小月只好寻找她的龙猫朋友们帮助寻找妹妹……

赏析

宫崎骏的作品总是那么纯真而灵动，充满了人性之美。他展现故事的切入点琐碎而细小，却总是让人在生活的细节之处看到真挚动人的情感光芒。《龙猫》就是这样一部真挚感人的作品，影片中用水彩画描绘出的宁静而丰富多彩的乡村生活，让人不禁回想到孩提时代的快乐无忧。而小姐妹的情意更是质朴纯真，让人动容。值得欣赏的还有影片的配乐，婉转高雅，简约而隽永，给人以美的享受。

经典阅读：《瓦尔登湖》节选

年 月 日 心情

大自然是人类赖以生存的家园，孕育着新生命的孕妈妈带着纯真的胎宝宝一起来品读梭罗的文字，接受大自然的灵魂洗礼与浸润吧。

站在湖东端的平坦的沙滩上，在一个平静的九月下午，薄雾使对岸的岸线看不甚清楚，那时我了解了所谓“玻璃似的湖面”这句话是什么意思了。当你倒转了头看湖，它像一条最精细的薄纱张挂在山谷之上，衬着远处的松林而发光，把大气的一层和另外的一层隔开了。你会觉得你可以从它下面走过去，走到对面的山上，而身体还是干的，你觉得掠过水面的燕子可以停在水面上。是的，有时它们汆水到水平线之下，好像这是偶然的错误，继而恍然大悟。当你向西，望到湖对面去的时候，你不能不用两手来保护你的眼睛，一方面挡开本来的太阳光，同时又挡开映在水中的太阳光；如果，这时你能够在这两种太阳光之间，批判地考察湖面，它正应了那句话，所谓“波平如镜”了，其时只有一些掠水虫，隔开了同等距离，分散在全部的湖面，而由于它们在阳光里发出了最精美的想象得到的闪光来，或许，还会有一只鸭子在整理它自己的羽毛，或许，正如我已经说过的，一只燕子飞掠在水面上，低得碰到了水。还有可能，在远处，有一条鱼在空中画出了一个大约三四英尺的圆弧来，它跃起时一道闪光，降落入水，又一道闪光，有时，全部的圆弧展露了，银色的圆弧；但这里或那里，有时会漂着一枝蓟草，鱼向它一跃，水上便又激起水涡。这像是玻璃的溶液，已经冷却，但是还没有凝结，而其中连少数尘垢也还是纯洁而美丽的，像玻璃中的细眼。

第二章

孕中期：不能错过的胎教关键期

一起来幸福地感受胎动

宝贝，这个月妈妈感觉轻松多了，最值得开心的事就是感觉到你在动了，那种感觉真奇特！妈妈的心情越来越好，爸爸经常陪着我去散步，也经常摸摸我隆起的肚子，你感觉到爸爸妈妈的爱抚了吗？

13~16周宝宝成长周历

第13周：长出了独一无二的指纹

现在胎宝宝发育得非常迅速！胎宝宝的神经细胞增长得很快，神经系统日渐完善。在本周，胎宝宝的手指上已经出现独一无二的指纹。脊柱、肝、肾都已“进入角色”。

如果用手轻触孕妈妈的腹部，胎宝宝就会在里面蠕动起来，不过孕妈妈还觉察不到。

第14周：长到了拳头大小

到了14周，胎宝宝看上去更有了成人的模样，身子也长到了120毫米，体重增加到了约110克，达到了普通人的拳头大小。胎宝宝的脖颈伸长了，小下巴终于能够抬起来。眼睛逐步从头部的两侧向脸部正前端位移，面颊和鼻梁也突显出了轮廓，耳朵开始向前移动至头部两侧的上方。同时，胎宝宝的外生殖器发育得更加明显。

第15周：皱起眉头做鬼脸

本周胎宝宝身上长出了一层细细的汗毛，头发也开始一长出。腿部的长度超过了手臂。骨骼变得坚硬了，肌肉也在继续发育，手脚稍微能活动。会做出握拳、吸吮大拇指的动作。还会做出皱眉、眯眼、斜视、鬼脸等表情。

第16周：感受第一次胎动

在这周，胎宝宝的身长约14厘米，体重约为200克。住在子宫里的“小居民”现在开始打嗝了，这是胎宝宝呼吸的先兆。胎宝宝的指甲已形成，指关节也开始活动了。现在仍是胎宝宝十分活跃的时期，他常常会淘气地翻身、乱踢一阵，孕妈妈一直期待的胎动往往就在这周出现。

这一时期的胎教重点任务

语言胎教

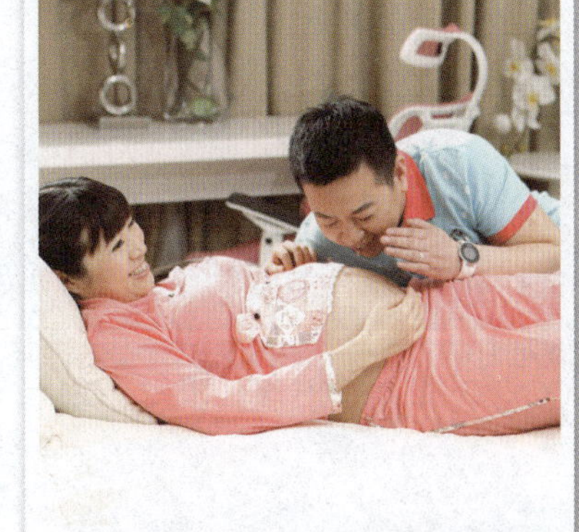

4个月的胎宝宝，大脑正在迅速发育，对外界的声音有了感觉。所以，从现在开始，孕妈妈应该有意识地开始让胎宝宝熟悉自己的声音。平时应该多与胎宝宝说话或给胎宝宝讲故事，注意说话的语调要温柔，要让胎宝宝能够感受到爱与温暖。

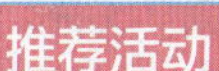

给胎宝宝讲故事 

营养胎教

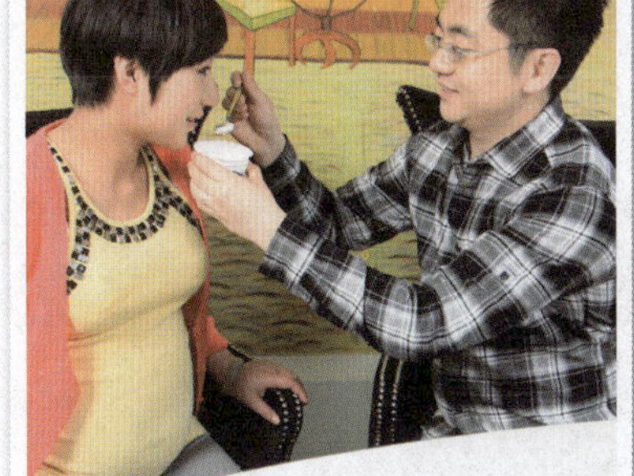

这个月是胎宝宝大脑发育的关键期，所以孕妈妈的饮食要在保证营养全面均衡的基础上，重点摄入健脑食物，这对胎宝宝未来的智力发育是有好处的。

推荐菜肴　芙蓉蒸蛋 

情绪胎教

胎宝宝一天比一天聪明和敏感，他能够感受到孕妈妈的喜悦和悲伤。如果孕妈妈能够保持心情愉快，并在生活细节之处体现出自己的涵养和乐观，这些都会对胎宝宝今后性格的形成起到积极的作用。所以，这个月的孕妈妈，可以让自己的生活更加丰富，把情绪调节到最佳状态，并且努力提高自己的修养吧。

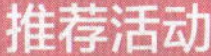

打扮自己 

两款食谱帮孕妈妈远离水肿

年 月 日 心情

由于子宫压迫下腔静脉，使盆腔和下肢血管内的血液淤积，血液流通不畅，导致血管压力增加，再加上孕期激素的变化，就很容易会造成孕妈妈下肢的水肿。以下两款食物有助于孕妈妈减轻水肿现象，准爸爸赶快下厨帮孕妈妈做吧！

利水消肿粥

材料 粳米、红豆、莲子各适量，银耳50克。

调料 冰糖少许。

做法

1. 将粳米、红豆、莲子分别泡水，洗净备用；银耳泡发，撕成小朵。
2. 锅中放入粳米、红豆、莲子，煮至熟烂。再加入银耳一起熬煮，至粥熟烂，再加入冰糖略拌即可。

功效

这道消肿粥有很强的利水效果，可以帮助孕妈妈减轻产前水肿症状。

红枣炖鲤鱼

材料 鲤鱼500克，红枣10颗，黑豆20克，枸杞子少许。

调料 盐适量。

做法

1. 将鲤鱼处理干净；红枣去核，洗干净。
2. 将黑豆放入锅中，炒至豆壳微裂，然后洗净，备用。
3. 将鲤鱼、黑豆、红枣放入锅里，加入适量水，盖上盖子，隔水炖约3小时，再加盐调味，用枸杞子点缀即可。

给胎宝宝准备能发声的玩具

年　月　日　心情

孕妈妈可以给胎宝宝准备一些玩具了。声音对胎宝宝的刺激很重要，孕妈妈可以准备一些能够发出简单声音的玩具，等到胎宝宝有了听觉的时候，可以用玩具来和他进行互动。

声音对宝宝的刺激相当重要。目前医学界与幼教界都赞成单调的刺激是最好的方法，外在的声音可以传到子宫内，而胎宝宝对声音也有反应。因此，如果要以声音刺激胎宝宝，最好还是以越简单的音节越好。

孕妈妈给宝宝准备的玩具，可以是铃铛、木鱼、八音盒或小鼓，也可以准备一个木碗，用筷子敲击出声响。虽然看着似乎有些单调，但可变换各种不同节奏，甚至可以附和其他音乐，以达到孕妈妈和胎宝宝自娱自乐、乐在其中的效果。

利用这些有声音的玩具，让胎宝宝慢慢感受四拍、三拍、二拍的不同节奏。还可以利用家里的多种器具，组成一个随意的打击乐团队，让家里的毛绒玩具与可爱娃娃都加入。

孕妈妈也可以自己动手设计制作一些小玩具，例如可以用挂历制作成纸风铃，再涂上鲜艳的颜色，并做个挂钩，以便日后挂在宝宝的床边，作为他出生后的小玩具。

胎教经验分享

孕妈妈可以试着动手制作一些能和胎宝宝一起玩的简单玩具。这个过程能促进胎宝宝的脑部发育，而且在设计制作时，孕妈妈的心情肯定是欢快的，想象着将来宝宝出生后可以与自己一起玩这些玩具，那种喜悦与成功感是很温馨的。

关于制作什么，孕妈妈要自己好好动动脑筋，要考虑到实用性与趣味性。例如可以用蛋壳制作些颜色鲜艳的小人。

这种设计制作活动是多种感官配合的活动，既有手的动作，又有颜色的感觉，是一种很好的胎教方式，很适合孕妈妈来做。

做一做颈部保健操

年 月 日 心情

颈部保健操如果做得准确，往往可以听到颈部发出“咔咔”的声响，这说明紧张的颈部得到了舒缓。如果站立练习，则应注意不要闭上双眼，而且要掌控好身体的平衡。

运动方法

❶ 孕妈妈采取任何姿势开始（站立、坐姿、跪坐）均可，双臂自然垂于身体两侧。

❷ 然后吸气，仰起下腭；呼气，展开双肩，头颈自然地向后垂落（图①）。

❸ 再吸气，头颈还原；呼气，低头，下腭抵胸骨，注意不要含胸、扣肩（图②）。

❹ 再吸气，头颈还原；呼气，头颈向右侧弯曲，右耳贴向右肩，拉伸左侧的颈项（图③）。吸气，头颈还原；呼气，反方向练习1次。

①

②

③

④

❺ 吸气，头颈还原；呼气，头颈向右侧拧转，下腭对齐右肩，注意不要耸肩（图④）。吸气，头颈还原；呼气，反方向练习1次。

❻ 吸气，头颈还原；呼气，下腭抵胸骨。

注意事项

◎在做下颚抵胸骨的动作时，不要含胸、扣肩。

◎在做转头的动作时一定要注意分寸和尺度，既不要转得太快，也不要转得幅度过大，以免扭伤。

为图画填颜色（二）

年 月 日 心情

为下面这幅图填上漂亮的颜色吧。孕妈妈可以根据自己的心情和喜好选择颜色，但要注意色彩的搭配，这样才能使画面显得漂亮。

孕妈妈一定期待着胎宝宝快点来到自己身边。但是现在的你恐怕还要耐心一点，离孕期结束还有相当长的一段时间。珍惜你们血脉相连、浑然一体的日子吧，这些日子充满了惊喜与快乐，是一生中难忘的记忆。

科学补钙，为胎宝宝骨骼发育护航

年　月　日　心情

孕4月后，孕妈妈对钙的需求量较以前增多了。因为这段时间是胎宝宝骨骼和牙齿的快速生长时期，急需钙的补充。所以，今天准爸爸下厨为孕妈妈做两道补钙的美味餐吧。

蒸豆腐

材料 豆腐1块，鳕鱼肉适量。

调料 豆豉、盐、香油、醋适量。

做法

1. 将豆腐洗净，切成长3厘米、宽1厘米的块；鳕鱼肉洗净。
2. 将豆豉、盐、香油和醋都放入碗中，调成味汁。
3. 将豆腐块整齐地摆在盘中，再放入鳕鱼肉，将调好的味汁浇在盘中，然后将盘放入蒸笼蒸熟即可食用。

芙蓉蒸蛋

材料 鸡蛋2个，香菇、虾仁各适量。

调料 A.淀粉少许；B.盐少许；C.鸡高汤1大碗。

做法

1. 将香菇浸泡后冲洗干净，切丝；虾仁洗净，沥干，加调料A腌渍入味。
2. 将鸡蛋打入碗中，搅散，加入调料C和调料B搅拌均匀，倒入蒸碗中，留下部分蛋液。
3. 蒸碗中加入切好的香菇丝，移入蒸锅隔水蒸熟，再倒入剩余蛋液，摆上腌渍入味的虾仁，续蒸至蛋汁凝固即可上桌食用。

经典阅读：《巨人的花园》节选

年 月 日 心情

《巨人的花园》是英国作家王尔德写的一篇童话故事，它告诉我们一个简单的道理：懂得分享，才能收获更多的幸福和快乐。孕妈妈把这个故事讲给胎宝宝听吧。

孩子们总是喜欢到巨人的花园里去玩耍。这是一个很可爱的大花园，满地是柔软碧绿的青草。像星星一样美丽的鲜花，在草地上随意地盛开着。草地上还长着十二棵桃树，一到春天就开放出粉扑扑的团团花朵，秋天里则结下甜美果实。栖息在树枝上的鸟儿唱着欢乐的曲子，他们唱得很动听。嬉戏中的孩子们总是忍不住停下来侧耳聆听，并相互高声喊着，“我们在这里玩的多么开心呀！”

一天，巨人回来了。刚进了家门，他一眼就看见在花园中戏耍的孩子们。“你们在这儿干什么？”他用粗暴的语气大声吼叫起来，孩子们都吓跑了。

“我的花园就是我自己的花园，”巨人说，“谁都清楚。除了我自己，我不准外人来这里玩。”于是，他沿着花园筑起一堵高高的围墙，还挂出一块告示：闲人莫入，违者重罚！从此，可怜的孩子们没有了玩耍的地方，他们只得来到马路上，但是街道上满是尘土和硬硬的石块，让他们扫兴极了。放学后他们仍常常在高耸的围墙外徘徊，谈论着墙内花园中的美丽景色。“在里面我们多么快乐啊。”他们彼此诉说着。

很快春天又来了，整个乡村到处开放着鲜花，处处有小鸟在欢唱。然而只有这个自私巨人的花园依旧是一片寒冬景象。因为里面没有小孩子，小鸟也不愿意去那里歌唱，树儿也忘了开花。

趣味数独小游戏（三）

年　　月　　日　　心情

做过两次数独后，相信孕妈妈已经很熟悉数独游戏的规则了。今天，孕妈妈接着来做吧，它能有效地锻炼你的逻辑思维能力、推理判断能力和观察能力，这也正是它的迷人之处。

题目❶ 难度系数1　用时____分钟

9			8			5		7
3				1		4		9
	4				7			
	2					6		
		5		6	1		3	
		9		3	5			2
2		4			9	8		
		6	1					
8							4	

答案❶

9	1	2	8	4	3	5	6	7
3	6	7	5	1	2	4	8	9
5	4	8	6	9	7	3	2	1
1	2	3	9	7	8	6	5	4
4	7	5	2	6	1	9	3	8
6	8	9	4	3	5	1	7	2
2	3	4	7	5	6	8	1	9
7	5	6	1	8	4	2	9	3
8	9	1	3	2	6	7	4	5

题目❷ 难度系数1　用时____分钟

					6			1
9						3	7	6
7	1			4				
1	7		8					3
	3						1	
6					3		5	8
				3			6	5
3	5	1						2
8			1					

答案❷

5	8	3	9	7	6	4	2	1
9	2	4	5	8	1	3	7	6
7	1	6	3	4	2	5	8	9
1	7	5	8	2	9	6	4	3
2	3	8	6	5	4	9	1	7
6	4	9	7	1	3	2	5	8
4	9	7	2	3	8	1	6	5
3	5	1	4	6	7	8	9	2
8	6	2	1	9	5	7	3	4

有益健康的沐风浴

年 月 日 心情

“沐风浴”对大多数孕妈妈来说是个新鲜的名词，其实，这是一项有益身心的胎教行为，赶上一个气候宜人、空气清新的日子，孕妈妈就来尝试一下吧。

沐风浴的步骤

1.先敞开窗户，使室内空气充分流通。
2.褪去衣服，盖上被子，静坐1分钟。
3.然后拿下被子，对头部进行20秒钟的按摩。
4.盖上被子，安静地休息1分钟。
5.再拿下被子，对颈部和肩部进行40秒钟的按摩。
6.盖上被子，安静地休息1分钟。
7.再拿下被子，对腰部和腿部进行40秒钟的按摩。

进行沐风浴的时候要配合呼吸和按摩，让自己在安静的环境中充分放松下来。

沐风浴的胎教效果

在沐风浴的时候，孕妈妈皮肤上的细胞会从清新的空气中大范围地吸收氧气，增加血液中携带的氧分子数量，从而促进胎宝宝的大脑发育。

需要格外注意的是，对于身体虚弱、经常感冒的孕妈妈，在进行沐风浴的时候，千万不可操之过急，可以循序渐进地进行，这样可达到提高身体的免疫力，预防感冒的目的。

胎教经验分享

◎沐风浴一般只能在孕4月以后进行，因为孕早期的女性，身体非常虚弱，且会受到各种妊娠反应的影响，实施沐风浴很可能令孕妈妈感染风寒。

◎要准备厚实些的被子或毯子。

◎宜在饭前1小时或饭后30～40分钟进行沐风浴。

◎进行沐风浴时，盖被子的时间可以稍长一些，但裸露的时间必须遵照要求。

诗歌欣赏：《吉檀迦利》节选

年 月 日 心情

《吉檀迦利》是亚洲伟大的诗人泰戈尔获得诺贝尔文学奖的经典之作，它是一首“生命之歌”。今天孕妈妈就来饱含深情地朗读这首诗，跟胎宝宝一起分享这种美好的感受吧。

当我送你彩色玩具的时候，我的孩子，我了解为什么云中水上会幻弄出这许多颜色，为什么花朵都用颜色染起——当我送你彩色玩具的时候，我的孩子。

当我唱歌使你跳舞的时候，我彻底地知道为什么树叶上响出音乐，为什么波浪把它们的合唱送进静听的大地的心头——当我唱歌使你跳舞的时候。

当我把糖果递到你贪婪的手中的时候，我懂得为什么花心里有蜜，为什么水果里隐藏着甜汁——当我把糖果递到你贪婪的手中的时候。

当我吻你的脸使你微笑的时候，我的宝贝， 我的确了解晨光从天空流下时，是怎样的高兴，暑天的凉风吹到我身上的是怎样的愉快——当我吻你的脸使你微笑的时候。

赏析 《吉檀迦利》是一首动人的散文诗，它有着微妙的韵律，据说用孟加拉文写成的原作更具音律的美感。美国的意象派诗人庞德在读到《吉檀迦利》时感叹说：“集子中的一百首诗全都可以演唱。曲调和歌词浑然一体……这种深邃的宁静的精神压倒了一切。我们突然发现了自己的新希腊。像是平稳感回到文艺复兴以前的欧洲一样，它使我感到，一个寂静的感觉来到我们机械的轰鸣声中……”

这里节选的诗句，自然清新，将成年人与孩子的世界和谐相融，自始至终都充满对爱的赞颂，真挚动人的情感在诗句间温柔流淌，让人感动。

锻炼腹部肌肉的保健操

年 月 日 心情

孕妈妈的子宫在这段时间里逐渐增大，这意味着腹部将承载更多的重量。所以锻炼腹部肌肉的韧性很有必要，今天孕妈妈就来学习一套锻炼腹部肌肉的保健操吧。

运动方法

❶ 平躺在床上，单腿曲起、伸展再曲起、伸展。左右各10次（图①）。

❷ 平躺在床上，双腿模仿蹬自行车的动作。1组10～30次，每晚尽量做1～3组（图②）。

运动功效

腹肌运动可以锻炼支撑子宫的腹部肌肉。

注意事项

1.做这套保健操最好安排在早晨和傍晚。

2.做操前一般不宜进食，锻炼结束约30分钟后再吃东西。另外，做操时最好赤脚，衣服要宽松，也可以播放一些轻音乐。

3.孕妈妈在做操时要注意，刚开始做时不要勉强自己，做操次数可依身体状况而定，以后可逐日增加运动量。做完1遍体操后如果感到累，就应该适当减少运动量。

欣赏可爱的宝宝照（第二波）

年　　月　　日　　心情

宝宝的每一个表情，每一个动作都是那么天真有趣，让爸爸妈妈感到无比幸福和美好。今天，再来欣赏一下可爱的宝宝照吧！欣赏照片的时候，想想自己的宝宝会是什么模样，他一定也是一个活泼漂亮的小天使！

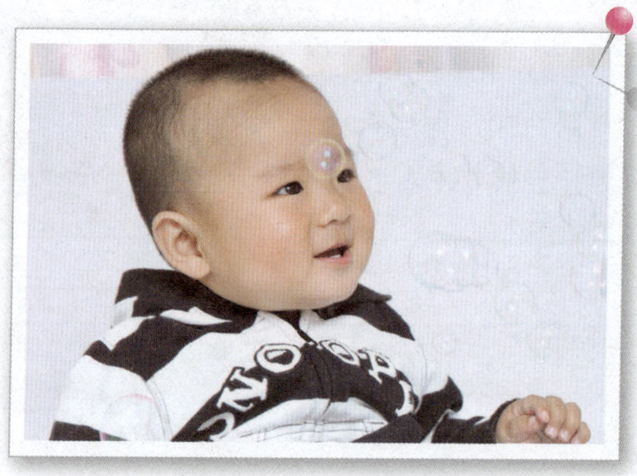

打扮自己，换个心情

年　　月　　日　　心情

孕4月，孕妈妈的腹部已经隆起了，注重形象的孕妈妈不仅可以在此时体现一贯的着装好品位，还会流露出一种别样的美丽。有关研究结果表明，孕妈妈打扮自己也是一种有效的美育胎教。

传统的孕妇装往往给人宽大、笨重、呆板、老气的印象，但随着人们审美观念的提升，市面上已经有了更加多样化且具有时尚感的孕妇装可供选择。

外衣选购原则

◎**合身舒适。**孕妈妈挑选衣服要以体型及身体活动不受拘束、方便为原则。最好选择可调节性的衣裤，以免随身体变化而准备更多孕妇装。常见的孕妇装款式有长裤、背带裤、上衣、裙装和套装。在合身的基础上，孕妈妈可根据自己的喜好，穿出自己的风格。

◎**易洗耐洗。**孕妈妈新陈代谢比较旺盛，衣服要勤换洗，所以最好选择易洗和耐洗的衣服。

◎**颜色明快。**孕妈妈最好选择颜色明快的孕妇装，这样的颜色可以改善人的心情。

内裤选购原则

◎**薄厚、大小要适宜。**内裤的厚度可依气温高低进行调节，长度以能够包裹住腹部和大腿最为合适。

◎**束带不宜过紧。**过紧的束带会压迫下腹部，从而减少胎盘血流量，对胎宝宝的生长发育不利。

◎**质地要选择纯棉制品。**孕妈妈宜选择吸水性强、透气性好的纯棉制品。

除此之外，孕妈妈的头发要干净利落，再加上面部恰到好处的淡妆，这会让孕妈妈的心情大好，这种好心情自然也会传递给胎宝宝。

胎教经验分享

孕妈妈在化妆的时候要注意不宜化浓妆，且不要使用含铅量较高的化妆品。

脑筋急转弯（二）

年　　月　　日　　心情

今天，孕妈妈带着胎宝宝一起来做脑筋急转弯吧。脑筋急转弯是逆向思维的最常见表现形式，经常进行这种练习，可以提高非逻辑思维的能力。而非逻辑思维和逻辑思维有机结合，才能进行创造性思维活动。赶快来试试吧！

题目

1.楚楚的生日在3月30日，请问是哪年的3月30日?

2.三个金叫“鑫”，三个水叫“淼”，三个人叫“众”，那么三个鬼应该叫什么?

3.猴子每分钟能掰一个玉米，在果园里，一只猴子 5 分钟能掰几个玉米?

4.有一个海没有一滴水。是什么海?

5.哪一种人最容易走极端?

6.狼来了——猜一水果名。

7.一个圆有几个面?

8.此字不难猜，孔子猜三天，请问是何字?

9.为什么冲天炮射不到星星?

10.选美大赛——猜一国家名。

答案

1.每年的3月30日。

2.救命。

3.一个也没有掰到。

4.辞海。

5.爱斯基摩人。

6.杨桃。

7.两个面。一个外面，一个里面。

8.晶。

9.因为星星会闪。

10.以色列。

欣赏雕塑艺术

年 月 日 心情

美术胎教的方法并不局限于欣赏名画，欣赏雕塑作品也是美术胎教的一种方法。今天孕妈妈就带着胎宝宝来尝试一下吧。

古往今来，雕塑从中国的古陵雕塑——石人、石兽、石俑，到古埃及尼罗河畔的“狮身人面”像，雅典的巴特农圣庙的许多大理石像和意大利文艺复兴时期所形成的繁华雕塑艺术，延续到今各种各样的雕塑艺术仍在蓬勃发展。

雕塑通过静态的造型表现生活的一个片刻，以单纯的形象反映生活，因此被称为凝练的艺术语言。

形式美、体积美、笔触美是雕塑艺术美的表现。下面就从这三个方面向孕妈妈简单介绍一下雕塑艺术。

形式美

雕塑的形式美首先表现为物质材料的朴素、天然与简单。另外还包括线条、色彩、形体、结构等形式美，和一定的造型、情感结合起来，可以给人艺术感染力。

体积美

雕塑的体积是重要的艺术“语言”之一，通过体积的构成，显示其造型艺术的魅力，达到平面艺术无法表现的立体形象和质感效果。

笔触美

创造一件完美的雕塑作品，应在技巧上配合不同的题材，采用不同的雕琢和塑造的“笔触”，有的以其生动细腻、惟妙惟肖成其精工细雕之作；有的粗犷豪放、质感强烈、气魄宏伟，给人一气呵成之感。

如何欣赏雕塑美

孕妈妈在欣赏雕塑作品时，要先了解雕塑作品产生的背景，再通过前面所描述的雕塑三美来体会雕塑作品的艺术魅力，加深对作品主题的理解，并将自己的分析和体会与胎宝宝进行分享。

绕口令（二）

年 月 日 心情

孕妈妈每天要和胎宝宝在固定时间说话，说话的内容和形式可多种多样。这次就给胎宝宝念一念绕口令吧！有的绕口令有一定难度，念着念着就容易出错，把自己都念笑了。笑一笑，压力和烦恼就会烟消云散。准爸爸也可以参与进来，跟孕妈妈比一比，看谁说得又快又好！

扣纽扣

小牛扣扣使劲揪，
小妞扣扣对准扣眼扣，
小牛和小妞，
谁学会了扣纽扣？

狮子寺

狮子山上狮山寺，
山寺门前四狮子，
狮子看守狮山寺，
山寺保护石狮子。

蛙和瓜

绿青蛙，叫呱呱，
蹦到地里看西瓜。
西瓜夸蛙唱得好，
蛙夸西瓜长得大。

老农和老龙

老农戏老龙，
老龙恼怒闹老农，
老农恼怒闹老龙。
老农恼，老龙怒，
龙恼农怒龙更怒，
龙怒农恼龙怕农。

画出宝宝的小脸

____年____月____日　　心情____________

在期待宝宝到来的日子里，孕妈妈是否不止一次地想象过宝宝的模样？宝宝是像孕妈妈多一些，还是像准爸爸多一些呢？按照自己的想象，来为宝宝画张相吧。

准备好纸笔，按照下面的步骤开始动手画吧。

◎**画脸的轮廓。**如果妈妈脸形是圆形、爸爸是长方形，就按照两者取中的程度来画宝宝的脸形。一般来说，宝宝的脸形会略呈圆形，在参考准爸妈脸型的基础上可以适度画得丰满些。之后按照竖线左右平分，横线中间偏下的位置画出十字线。

◎**画出眼睛和眉毛。**以十字线为基准，来画眼睛。在横线下方，竖线两侧的位置要用虚线画出眼睛才能更好地表现出婴儿面孔的感觉。眉毛最好画得不要太显眼，才更显可爱。即使妈妈和爸爸的眉毛都很粗或者上挑，还是将宝宝的眉毛画得略细些或略下垂些比较好。

◎**画出鼻子和嘴。**在十字线的竖线上画出鼻子。与眼睛一样用虚线小小地勾画出鼻子的轮廓。然后是画嘴，即在下颚附近的竖线上画出嘴部轮廓，上嘴唇要像富士山顶的形状，比下嘴唇要略厚些，从而能加强可爱的印象。在此基础上，再加上妈妈或爸爸嘴部的特征即可。

◎**画出头发。**婴儿头发的特征是细细软软的，比较稀少，比大人头发的颜色要浅一些。重点是要用细线尽可能画出轻飘飘的感觉，再加上妈妈或爸爸的头发生长位置以及额头等的特点就可以了。

◎**着色、完成。**用橡皮将十字线擦抹掉后，开始着色。对于着色所用的工具是没有限制的，但一般来说，彩色铅笔或水彩笔最适合表现婴儿的特征。首先从颜色较浅的部分开始着色。面部整体可以采用与肌肤相近的颜色。但是与发黄的肤色相比，略加入粉色效果会更好。然后是给头发、眉毛和眼睛着色。采用略带茶色的黑色比较好。最后是嘴唇和脸颊。嘴唇用粉色，脸颊用浅浅的粉色即可。耳垂也可略微带些粉色。

名曲欣赏：《小天鹅舞曲》

年　月　日　心情

提起芭蕾舞剧《天鹅湖》，很多人并不陌生。《天鹅湖》享有盛名，与柴可夫斯基的舞剧音乐写得太美了是有直接关系的。今天孕妈妈就来欣赏其中的一段《小天鹅舞曲》，领略一下芭蕾舞的魅力吧。

欣赏时间

清晨或黄昏，或者孕妈妈喜欢的任何时间，都可以开启这段音乐，享受古典音乐的优雅与完美。孕妈妈还可以边聆听音乐，边模仿芭蕾的简单动作，感知四小天鹅的形象和活泼跳跃的音乐。

赏析指导

《小天鹅舞曲》篇幅不长，演奏一遍只需一分多钟。乐曲欢快、活泼、跳跃，整首乐曲速度轻快，由管弦乐队演奏，能较明显地听出管乐和弦乐分别演奏的乐句。开始的曲调活泼跳跃，轻快而富有生气。然后，主旋律奏起，表示小天鹅走步还不稳，更显得活泼可爱。四小节之后，再现开始时的曲调。最后是个短小的尾奏。它再次采用不平稳的切分节奏，显得十分有趣。乐曲在两个强音和弦上结束。

关于这首曲子

柴可夫斯基的这首《小天鹅舞曲》是四幕舞剧《天鹅湖》第二幕中的舞曲，该曲是舞剧中最受人们欢迎的舞曲之一，写得轻松活泼，节奏干净利落，形象地描绘出了小天鹅在湖畔嬉游的情景。质朴动人的旋律还富于田园般的诗意，配上舞蹈，更有诗一般的情趣、画一般的意境。它深受人们的喜爱，经常出现在音乐会上。有时还以重奏和独奏形式演出。

诗歌欣赏：《开始》

____年____月____日　　心情________________

“我是从哪里来的？”很多孩子都问过妈妈这样的问题。该如何应对这个问题呢？孕妈妈也来想一想吧。伟大的诗人泰戈尔给出了一个既简单又深刻的答案——孩子来自于爱和希望。孕妈妈同意吗？

“我是从哪儿来的，你，在哪儿把我捡起来的？”孩子问他的妈妈说。

她把孩子紧紧地搂在胸前，半哭半笑地答道：

“你曾被我当作心愿藏在我的心里，我的宝贝。

你曾存在于我孩童时代的泥娃娃身上，每天早晨我用泥土塑造我的神像，那时我反复地塑了又捏碎了的就是你。

你曾和我们的家庭守护神一同受到祀奉，我崇拜家神时也就崇拜了你。

你曾活在我所有的希望和爱情里，活在我的生命里，我母亲的生命里。

在主宰着我们家庭的不死的精灵的膝上，你已经被抚育了好多代了。

当我做女孩子的时候，我的心的花瓣儿张开，你就像一股花香似地散发出来。

你的软软的温柔，在我青春的肢体上开花了，像太阳出来之前的天空里的一片曙光。

上天的第一宠儿，晨曦的孪生兄弟，你从世界的生命的溪流浮泛而下，终于停泊在我的心头。

当我凝视你的脸蛋儿的时候，神秘之感淹没了我；你这属于一切人的，竟成了我的。

为了怕失掉你，我把你紧紧地搂在胸前。是什么魔术把这世界的宝贝引到我这双纤小的手臂里来呢？”

赏析　一个小生命的孕育和诞生是崇高而神秘的。虽然孕妈妈已经是成人，但以孩童的心去看待世界，或者保持与孩童世界的沟通，会让孕妈妈更加懂得尊重生命，尊重自己和家人。认识到这一点，再想想自己正在孕育的小宝宝，孕妈妈是不是感觉到更加充实和自豪了呢？

学习制作胎教闪光卡片

年 月 日 心情

利用闪光卡片来为胎宝宝讲解数字、文字和图形，能够让胎宝宝更加直观地了解这个世界，胎教效果会更好。今天，孕妈妈就来学习怎么样自制胎教闪光卡片吧。

卡片制作方法

首先将一些白色的硬纸片，剪成长15厘米，宽14厘米左右大小，然后用彩色画笔在纸片中央写上文字、数字、 图形等内容。写上内容的时候要考虑相互间的色彩搭配，最好使用鲜艳的色彩勾画，并用黑色勾边，使边具有醒目和有利于区别的特点。

什么时候应该准备卡片

虽然只是制作卡片，但由于要考虑胎教的内容，还要考虑内容相互间的色彩搭配，所以最好是在孕早期把它们一点一点地做出来并准备好。

使用卡片进行胎教的方法

进行卡片胎教时， 要学会运用自己的声音和自己丰富的想象，把内容传输给胎宝宝。比如在教阿拉伯数字“1”时，不能觉得自己看到了就等于胎宝宝也看到了。要将自己的注意力集中在“1”上，观察它的形状和颜色。当它的形象已经在脑海中很鲜明时，再描述一下联想到的相关画面：想象有一只鸭子浮在小河上，有一棵大树矗立在草原上，有一只大雁飞过了天空……这些想象可以用来表示数字“1”的含义。也可以拿实际生活中的事物来列举，比如想象一根电线杆的形状，一支铅笔的形状，一个手指头的形状……以加深胎宝宝对“1”的外形的记忆。当然，在想象这些有意思的情景时，别忘了发好“1”的读音。其他胎教内容类似。

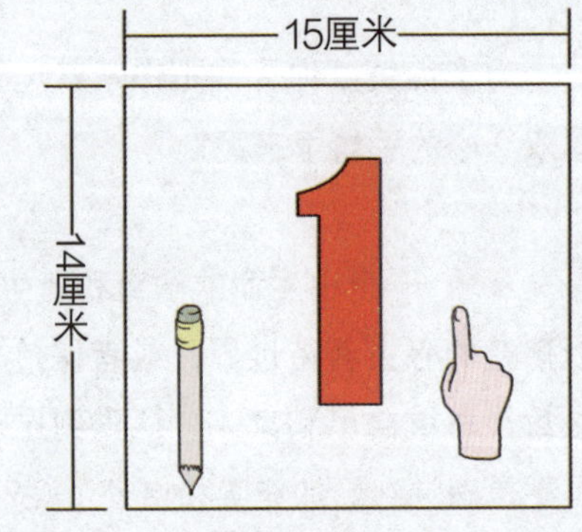

诗歌欣赏：《咏风》《春夜喜雨》

年 月 日 心情

唐代是一个文化繁荣的时代，它拥有开放、包容的胸怀，孕育了无数杰出不凡又风格各异的诗人，打开唐代诗歌的大门，就能遇见一个百花齐放的奇瑰世界。孕妈妈每天与宝宝共赏一两首，对提升自身和胎宝宝的文化素质都很有益处。

咏风

唐 王勃

肃肃凉风生，加我林壑清。
驱烟寻涧户，卷雾出山楹。
去来固无迹，动息如有情。
日落山水静，为君起松声。

赏析

在诗人的笔下，肃肃的凉风犹如穿梭在林间的精灵，它驱散涧上的烟云，使我寻到涧底的人家，卷走山上的雾霭，现出山间的房屋。来去无迹，却给人带来清凉，并吹响阵阵松声，如同奏起乐曲以带给人无限的欢愉。孕妈妈是否也如临其境，感受到凉风的惬意了呢?

春夜喜雨

唐 杜甫

好雨知时节，当春乃发生。
随风潜入夜，润物细无声。
野径云俱黑，江船火独明。
晓看红湿处，花重锦官城。

赏析

这首诗描述的是春夜细雨润泽万物的情景。雨下在春意正浓、万物萌芽的时节，它来得绵绵密密，悄无声息，似乎不想惊动人们，只默默地润泽着大地，真是一场“知时节”的“好雨”。从题目和诗句中，我们不难感受到作者对这场春雨的渴盼与喜爱之情，他甚至高兴得难以入眠，想象着春雨一夜洗礼之后锦官城花朵红艳欲滴的情态，简直喜不自胜。

渴望与妈妈交流

宝贝，不知不觉的，你在妈妈的子宫里已经5个月了。从怀孕的第一天起，我就认定我的宝宝是健康聪明的宝宝。我经常叫你小米粒，这是我跟你交流的方式，妈妈希望你和白白润润的小米粒一样那么可爱。

 17~20周宝宝成长周历

第17周：子宫里的小小窃听者

现在的胎宝宝看上去像一个梨。本周最大的变化是：胎宝宝的听觉器官逐渐进入发育状态，他可以听到孕妈妈的声音了！这时胎宝宝的尿道系统开始进入正常的工作状态。胎宝宝的肺也开始工作，他已经能够不断地吸入和呼出羊水。胎宝宝会经常用手抓脐带玩，孕妈妈会感觉到此时的胎动非常活跃。

第18周：挤眉弄眼的小淘气

本周，胎宝宝的身长约为14厘米，体重约为320克。透过B超，可以清晰地看到胎宝宝的骨骼轮廓。如果孕妈妈通过B超可以看到胎宝宝的样子，那么你会发现他不但会皱眉，还会挤眼睛呢，但是他的眼睛现在还不能睁开。

胎宝宝皮肤上的腺体开始分泌出一种黏稠的、白色的油脂状物质，称为胎脂。这种胎脂具有防水的作用可以保护胎宝宝的皮肤。

第19周：可以完成“高难度”的翻滚动作

这个阶段的胎宝宝，分管触觉、味觉、嗅觉、视觉和听觉的神经细胞正在分化，动作也更加协调了。胎宝宝不但可以蹬腿，手臂也可以移动，甚至还会完成翻滚这种“高难度”的动作。

第20周：可以听到胎心的跳动

本周胎宝宝的身长约为19厘米，体重大概增长到460克。胎宝宝的味觉、嗅觉、视觉和触觉等感觉器官进入发育的关键期，分管这些感觉的神经元已在大脑中各就各位。全身布满胎毛，也长出了少许头发。此外，现在用听诊器就可以听到胎宝宝胎心的跳动了。

这一时期的胎教重点任务

语言胎教

这个月的语言胎教是必不可少的，一有时间就和胎宝宝聊聊天吧，胎宝宝很喜欢妈妈和他说说话，可以每天给他读读诗歌、散文，或者讲讲童话故事和百科知识。准爸爸也可以积极地参与进来。

给胎宝宝讲故事 

营养胎教

孕5个月，很多孕妈妈都会出现明显的水肿现象，建议孕妈妈多吃一些具有利水消肿功效的食物，如冬瓜、鲤鱼、白萝卜、梨等。同时，胎宝宝的骨骼、牙齿等都在不断发育，所以要注意补充钙，多喝牛奶，多吃含钙丰富的食物。另外，还要多吃一些鱼。

推荐菜肴 雪菜蒸鳕鱼 

运动胎教

水中运动对于孕5个月的健康孕妈妈来说，是一种非常好的锻炼方式。孕妈妈一定要选择水质好及设施完备的游泳池，在有人陪伴的情况下，做一做水中运动，如游泳等，对于胎宝宝的发育和缓解身体不适非常有好处。另外，为了缓解下肢水肿的症状，孕妈妈要经常做腿部保健操和按摩。

腿部运动 

折只小狸猫

年 月 日 心情

猫是人类熟悉的朋友，它们喜欢独来独往，保持着自己独有的生活习惯和个性。有的猫咪性情温顺，非常惹人喜爱。今天孕妈妈就来折一只小猫，折完后再给胎宝宝唱首关于小猫的儿歌。

折纸步骤

1. 沿图中的线对折，压出折线后还原。
2. 沿虚线朝箭头方向向下折叠（图①）。
3. 沿虚线朝箭头方向折叠一角（图②）。
4. 沿虚线朝箭头方向折叠另一角（图③）。
5. 依照箭头方向后折（图④、图⑤）。
6. 画上眼睛、鼻子、嘴巴、胡须即完成了（图⑥）。

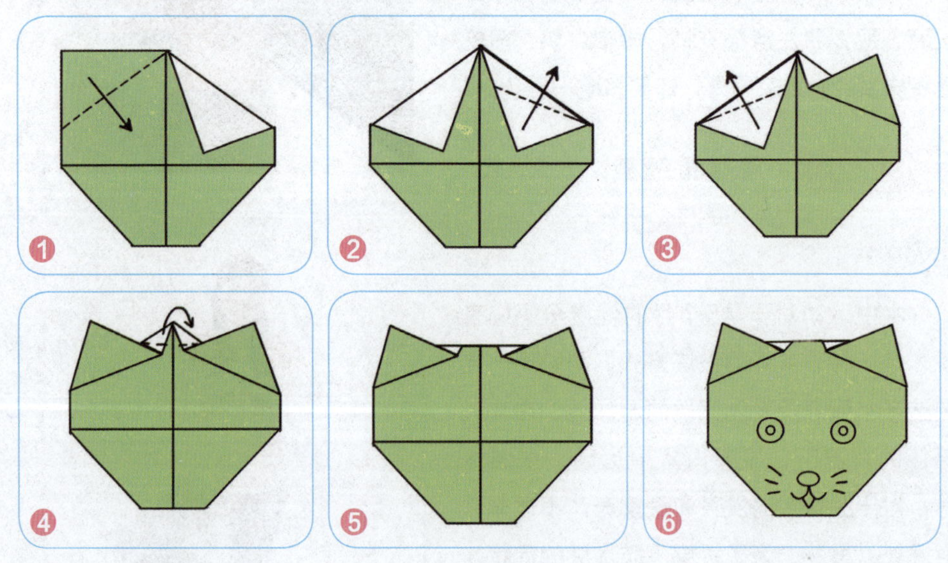

儿歌《小猫叫》

喵喵喵小猫叫，喵喵喵小猫叫，小猫小猫你别叫，妈妈昨天上夜班，还在睡觉。小猫小猫点点头，轻轻轻轻走掉了。

童话故事：《小猫钓鱼》

年 月 日 心情

《小猫钓鱼》的故事在小学的课本里出现过，孕妈妈还记得吗？今天，来和胎宝宝分享这个有趣的故事吧。给宝宝讲完故事后，别忘了告诉他做事情要专心的道理。

在树林旁边，有一条小河，河里有许多小鱼在游来游去。

一个晴朗的早晨，猫妈妈带着小猫妙妙和咪咪姐弟俩到河边去钓鱼。妙妙很仔细地看着妈妈的动作跟着学，然后专心致志地钓鱼，不一会儿就钓了好几条。而小猫弟弟咪咪刚坐下，一只蜻蜓飞来了。蜻蜓真好玩，飞来飞去像架小飞机。猫弟弟看了真喜欢，放下钓鱼竿，就去捉蜻蜓。蜻蜓飞走了，猫弟弟没捉着，空着手回到河边。一看，猫姐姐妙妙又钓了一条大鱼。

猫弟弟又坐在河边钓鱼，一只蝴蝶飞来了。蝴蝶真美丽，猫弟弟看了真喜欢，放下钓鱼竿，又去捉蝴蝶。蝴蝶飞走了，猫弟弟又没捉着，空着手回到河边。一看，猫姐姐妙妙又钓了一条大鱼。猫弟弟说：“真气人，我怎么一条小鱼也钓不着？”猫妈妈看了看咪咪，对他说：“钓鱼就要一心一意，不要三心二意。你一会儿捉蜻蜓，一会儿捉蝴蝶，怎么能钓着鱼呢？”猫弟弟听了猫妈妈的话，很难为情，从此就一心一意地钓鱼了。蜻蜓又飞来了，蝴蝶也飞来了，猫弟弟就像没看见一样，一步也不走开。不一会儿，钓竿上的线往下沉，钓竿也动起来了，猫弟弟使劲儿把钓竿往上一甩，“哎哟”一条大鱼钓上来啦。鱼摔在地上，噼噼啪啪地乱蹦乱跳，小猫赶紧捉住这条大鱼，高兴地喊了起来：“我钓到大鱼啦，我钓到大鱼啦！”猫妈妈和猫姐弟一起抬着大鱼回家了。

闪光卡片：教胎宝宝认数字（一）

年 月 日 心情

今天，孕妈妈来教胎宝宝认识数字吧。先从“1、2、3、4”这几个数字学起，循序渐进。这样可以奠定胎宝宝的数学基础，让他更加聪明好学。

孕妈妈可以按照前面教的方法自制闪光卡片，在上面用带有颜色的笔写好数字。找个舒适的地方坐下，面带微笑，心中想象胎宝宝认真学习的样子，并用手轻轻抚摸胎宝宝，用清晰的声音从“1”念到“4”，数词和量词一起念，如“一个苹果”。还可以用形象的数字儿歌来帮助胎宝宝学习。

胎教经验分享

在教宝宝学习数字、字母和汉字的时候，要将学习内容与生活紧密地联系在一起，也就是说用周围的东西进行实物教学是最有效的。

1

1像铅笔会写字

2

2像鸭子水里游

3

3像耳朵听声音

4

4像彩旗迎风飘

晒晒太阳更健康

年 月 日 心情

起床后吃完早餐，如果在天气不错、孕妈妈也有兴致的情况下，出门晒晒太阳吧。清晨的阳光光线并不强烈，不会刺激到胎宝宝，而且多晒太阳好处特别多。

多晒太阳可以强健骨骼，增强抵抗力

在孕期，有些孕妈妈患上骨软化病，主要表现为贫血、消瘦、动作缓慢、腰酸腿痛及手脚抽搐等症状，这会使宝宝缺乏营养，患上先天性佝偻病，甚至还有难产的危险，因此，孕妈妈要注意补充钙、磷等营养成分，同时千万不要忘了补充维生素D。

维生素D的作用是促进人体对钙、磷的吸收，孕妈妈可以通过食物来补充，同时也要多晒晒太阳，因为阳光中的紫外线照射在皮肤上也会形成维生素D，从而预防软骨病的发生。

一般从4月至10月份的上午8时至下午5时紫外线最多；11月至次年3月，上午9时至下午3时紫外线最多；1月～2月则仅在中午12时到下午1时紫外线较多。所以，为了充分利用阳光，孕妈妈要经常到户外走走。

平时在家，孕妈妈要常开窗门，让阳光照射到室内，既能消毒，又能提高孕妈妈的抵抗力，预防感染性疾病，有益于胎宝宝发育。

晒太阳时的注意事项

孕妈妈注意不能隔着玻璃晒太阳，那样只能获得热量，人体所需的紫外线全被挡在玻璃外面了。

晒太阳并不是越多越好，过度的紫外线照射会使人反应迟钝，还会诱发皮肤癌等疾病。所以孕妈妈最好选择上午10时、下午3时左右的“黄金时间”，每天坚持晒30～60分钟为宜。

孕妈妈最好选择在离家近且空气清新的公园晒太阳。

为图画填颜色（三）

年 月 日 心情

白白的云彩，红红的太阳，美丽的花朵，飞舞的小蜻蜓……多么美丽的画面，赶快为这幅图画填上颜色吧。

白云飘浮在天空，太阳露出诙谐的笑脸，阳光底下花朵盛开，蜻蜓飞舞，这是一幅多么和谐而令人愉快的画面。胎宝宝如果知道出生后能够生活在这么美好的世界中，一定会非常幸福和快乐。子宫里的小宝贝，快快地成长吧！

用简单的英语跟胎宝宝打招呼

年 月 日 心情

孕妈妈除了可以用母语与胎宝宝进行交流以外，还可以用英语来和胎宝宝打招呼。环境对语言的学习有着非常重要的影响，如果从胎宝宝时期就为他创造熟悉的英语环境，那么宝宝出生后对英语也会感到亲切。

早晨的问候

Good morning,baby.（早上好，宝贝。）

Did you sleep well?（睡得好吗？）

It's a nice day today.（今天天气真好。）

I am getting up.（我正在起床。）

I am having breakfast.（我正在吃早餐。）

What day is it today?（今天是星期几啊？）

Today is Monday.（今天是星期一。）

Daddy's going to work.Let's say good-bye to him.（爸爸要去上班了。让我们跟他说再见吧。）

下午的问候

Do you want to listen to music?（你想听音乐吗？）

Shall we go for a walk?（我们去散步好吗？）

Look!What a pretty flower.（看！多漂亮的花啊。）

Good afternoon,baby.（下午好，宝贝。）

睡觉前的问候

Good evening.（晚上好。）

Do you have a nice day?（今天过得好吗?

It's time to go to bed.（该上床睡觉了。）

Have a nice dream.（做个好梦。）

Good night.（晚安。）

享受水中有氧运动

年 月 日 心情

水中有氧运动不仅简单，而且效果非常好。即使是不会游泳的人也可以尝试。下面介绍几种适合孕妈妈在水中练习的运动。

水中手臂运动

1. 将双臂向前，掌心朝下（图①）。
2. 双臂向下绕一圈，如同游泳时手臂的滑水姿势（图②）。

水中腹臀运动

1. 双手以比肩宽的距离握住游泳池边缘，肩膀不动（图③）。
2. 双脚左右互跳。诀窍是只用腰部以下的力量，而且要抬头挺胸收腹（图④）。

水中腿部运动

1. 张开双臂，并向后抓住游泳池边缘，背部靠着游泳池边缘，使大腿浮上来（图⑤）。
2. 两腿一上一下地交叉运动（图⑥）。

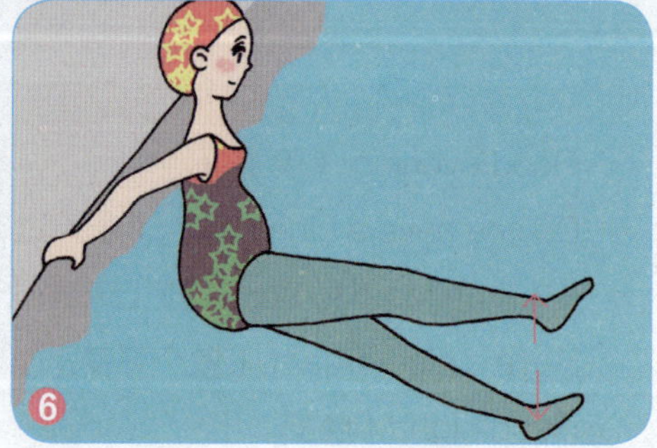

趣味数独小游戏（四）

年　　月　　日　　心情

数独时间到了，孕妈妈可以叫准爸爸一起来，两个人一起研究，或者比赛一下，看谁会先解出来。这既是一场智力的较量，又是一种情感的交流，孕妈妈一定要记得：快乐至上，比赛第二哟。

题目❶ 难度系数2 用时____分钟

		5			2			
		8	7	1		9	2	
		4				1		6
		1			4			3
			3	7				
3			8			6	7	5
			5					2
				8				
4						8		

答案❶

9	1	5	4	6	2	7	3	8
6	3	8	7	1	5	9	2	4
2	7	4	9	3	8	1	5	6
7	8	1	6	5	4	2	9	3
5	2	6	3	7	9	4	8	1
3	4	9	8	2	1	6	7	5
8	9	7	5	4	6	3	1	2
1	6	3	2	8	7	5	4	9
4	5	2	1	9	3	8	6	7

题目❷ 难度系数2 用时____分钟

						8		1
		6						
		5					4	
		9	3				2	
			1		8			
			2			5		9
	6				1	9		7
	1		9		7		3	8
	4		8					6

答案❷

7	2	3	5	4	9	8	6	1
4	8	6	7	1	2	3	9	5
1	9	5	6	8	3	7	4	2
8	7	9	3	5	6	1	2	4
2	5	4	1	9	8	6	7	3
6	3	1	2	7	4	5	8	9
3	6	8	4	2	1	9	5	7
5	1	2	9	6	7	4	3	8
9	4	7	8	3	5	2	1	6

名曲欣赏：《梦幻曲》

年 月 日 心情

在孕中期，孕妈妈的身体会出现很多不适，心理上难免有些紧张。这时就应该选择既柔和又充满希望的乐曲来实施音乐胎教。这首《梦幻曲》蕴含着人们对生活、爱情、美好梦想的热爱与追求。相信会给孕妈妈带来美妙的享受。插上音乐的翅膀，带着胎宝宝一起轻盈舞蹈吧。

欣赏时间

孕妈妈可以在晚上入睡前和胎宝宝一起欣赏这首柔美温馨的乐曲。

赏析指导

这首乐曲有柔美的旋律，曲风温馨感人，让人听完之后犹如回到母亲的怀抱。各声部完美的交融以及充满表现力的和声语言，刻画了一个童年的梦幻世界，表现了儿童天真、纯洁的幻想。细细品味，随着柔美平缓的主旋律，渐入沉思的梦境，在梦幻中仿佛出现美丽的世界，在那梦幻中升腾。在曲调渐渐安静下来的时候，腹内的胎宝宝也在这无限深情和充满诗意的乐曲声中安然酣睡了。

创作背景

罗伯特•舒曼是19世纪上半叶德国著名的作曲家兼音乐评论家。他从小就热爱音乐和文学，作品深刻反映出浪漫主义的特点。《梦幻曲》是舒曼的钢琴套曲《儿时情景》中最脍炙人口的一支曲子。1836年舒曼向克拉拉求婚，遭到了克拉拉的父亲维克的极力反对。他们被迫分开，彼此杳无音讯。1837年，舒曼搬到维也纳，居住了一段时间。一个偶然的机会，他得知克拉拉在演奏会上演奏了他的作品，这在无意中发出了一个信号，克拉拉还在等着他。舒曼内心重新燃起希望。他回忆起与克拉拉在一起的快乐时光，写下了30余首可爱的小钢琴曲。然后选出了3首，合起来叫做《童年情景》。热恋中的舒曼写信告诉克拉拉：“记得有一回你对我说：‘有时在你面前我真像个孩子。’无论是不是这句话的影响，总之，我突然有了灵感，即席写了30首有趣的小曲子。”这其中就有《梦幻曲》。

享受旅行的乐趣

年 月 日 心情

对于孕妈妈来说，孕早期和孕晚期都不适合旅行，而孕中期则是外出旅行的绝佳时期。今天就让我们看一看旅行胎教适宜的去处和需要做的各种准备吧。

孕中期最适合旅行

怀孕第16～27周，孕妈妈和胎宝宝都进入了比较稳定的状态，因此，趁这个机会外出旅行一般不会带来不良影响。

相比较而言，孕早期和孕晚期都存在比较大得风险，孕妈妈应尽量避免参加远行的活动。

在旅行之前，应先做好旅行计划，并且要准备好衣物、食物等必需品，行李尽量简单、实用。另外，为保证安全，一定要有家人或朋友陪同。

旅行胎教的实施方法

建议孕妈妈行程不要安排得太紧，最好不要离家太远，以避免过于劳累。一般而言，空气清新、安静的地方最理想，如有绿色的草地、湖泊等都是很好的选择。

在享受大自然的美景和清新的空气时，建议孕妈妈进行腹式呼吸，这样可以让孕妈妈感到放松。而且胎宝宝也可以通过母体的血液获得更加充足的氧气。平时在城市中听不到的风声、水声、鸟鸣声，孕妈妈都可以讲给胎宝宝听，也可以将自己的感受详细地描述给胎宝宝。

准爸爸也胎教

如果孕妈妈有想要去旅行的愿望，作为丈夫一定要大力支持，并做好护花使者的角色。旅行地点的选择权可以完全交给妻子。

准爸爸也可以通过互联网搜寻相关的旅游城市的咨询。选定三个左右的候选城市之后，将各个城市的优缺点与景点简单记录下来。下班回到家里，将这些资料呈现在妻子面前，相信她一定会被你的体贴所打动。到了目的地，夫妻俩就忘却一切烦恼，尽情地享受二人世界吧。

准爸爸讲雷电是怎么回事

年 月 日 心情

叮咚……又到了准爸爸讲知识的时间了。神奇的自然界充满了各种奇异的现象，每到雷雨天气，雷声滚滚，闪电交加，这些现象背后都有什么样的奥妙呢？准爸爸来给胎宝宝讲一讲吧。

雷电是大自然中最令人惊心动魄的景象之一。当暴风雨要来临时，天空中会聚集起大量的乌云，不一会儿就会雷声轰鸣，闪电夺目。那么，雷电是怎么回事呢?

过去，人们解释不了这种现象，把雷电当神来崇拜，大家熟悉的《西游记》中就有雷公、电母等神话形象，令人敬畏。一些生命起源学说认为，是雷电孕育了地球现在的繁荣和文明。

随着科学的进步，人们发现了关于雷电的真正奥秘。原来，雷电是乌云和大地间或带异种电荷的乌云间的放电现象。乌云在滚动中带有大量的电荷，在云与云、云与地面之间形成很强的电场。当正、负电荷相撞时会发生击穿空气的放电现象，形成闪电；同时，强大的电荷产生的高温使空气和云中水滴突然受热而膨胀，产生巨大的响声，这就是雷声。

有一种闪电叫球状闪电。有一次，一个球状闪电滚入一所民宅，主人看到它从门缝钻进来，像一只蜷着身体的亮猫。接着，它钻到壁炉里，又滚到地板上，又滚过主人的头顶，主人吓得连连后退。最后它钻到烟囱中，发生了爆炸。闪电与雷声是同时发生的，可是人们总是先看到闪电，后听到雷声。这是因为闪电跑得快，雷声传播的速度要比闪电慢得多。

准爸爸在跟胎宝宝说话时要用温柔和蔼的声音。

经典阅读：《三字经》节选

年 月 日 心情

《三字经》短小精练，朗朗上口，千百年来，始终以其独特的思想价值和文化魅力而被奉为经典流传不断。《三字经》的第一部分，讲述的是教育和学习对孩子成长的重要性。今天孕妈妈也带着胎宝宝来读一段《三字经》吧。

原文 人之初，性本善。性相近，习相远。

解析 人生下来的时候本性都是圆满的。只是由于成长过程中，后天的学习环境不一样，性情也就有了善与恶及好与坏的差别。就像一张白纸，你在上面画什么写什么，它就呈现什么。

原文 苟不教，性乃迁。教之道，贵以专。

解析 如果从小不好好教育，善的本性就会变化。为了使人不变坏，最重要的方法就是要专心一致地去教育孩子。如果懒惰不教育，那么就会偏离圆满的本性。

原文 昔孟母，择邻处。子不学，断机杼。

解析 战国时，孟子的母亲曾三次搬家，是为了使孟子有个好的学习环境。一次孟子逃学，孟母就割断织机的布来教子。

原文 窦燕山，有义方。教五子，名俱扬。

解析 五代时，燕山人窦禹钧教育儿子很有方法，他教育的五个儿子都很有成就，同时科举成名。

原文 养不教，父之过。教不严，师之惰。

解析 仅仅是供养儿女吃穿，而不好好教育，是父亲的过错。只是教育，但不严格要求就是做老师的过错。

原文 子不学，非所宜。幼不学，老何为。

解析 小孩子不肯好好学习，是很不应该的。一个人倘若小时候不好好学习，到老的时候既不懂做人的道理，又无知识，能有什么用呢？

原文 玉不琢，不成器。人不学，不知义。

解析 璞玉如果不加以雕琢，就不能成为精美的玉器；人也一样，若是不学习，就不懂得礼仪，不能成才。

准爸爸讲熊猫和小猫的知识

年　月　日　心情

今天，准爸爸来给胎宝宝讲一讲关于熊猫和小猫这两种动物的知识吧。可爱的国宝大熊猫和调皮的小猫各自有什么有趣的特点和习性呢？胎宝宝一定很想知道。

国宝大熊猫

大熊猫是吉祥友谊的象征，是和平友好的使者，它的身体健康状况牵动着人们的心。大熊猫的食物以竹子为主。它的食量很大，有时不小心就吃坏了肚子。每当这时候，大熊猫就去挑选一些青草来吃，吃了以后病就好了。大熊猫自己给自己治病，还真有点儿办法呢！成年大熊猫憨态可掬，身软体胖，有200千克左右。而刚出生的熊猫体重仅有妈妈的1%，就像一只不睁眼、没毛的小老鼠。

大熊猫非常喜欢自己的宝宝，外出时抱在怀里，时时抚摸，母子形影不离。大熊猫的寿命为20～30年。现存野生大熊猫不足1000只，人工饲养的约100多只。大熊猫是我国的“国宝”、一级保护动物。它的形象被世界野生动物协会选为会标。现在世界上有50多个国家或地区的公园里有中国赠送的大熊猫。

关于小猫的故事

小猫很讲卫生，它们爱干净，每天用爪子洗脸，用舌头梳理皮毛，每次都在固定的地方大小便。那么，小猫为什么那么讲卫生呢?

其实小猫“梳洗打扮、讲卫生”完全是一种生理需要。用舌头梳理皮毛可以刺激皮脂腺的分泌，使皮毛光润亮泽。将唾液涂到毛上，可散发运动时所产生的热量，防止体温过高。通过抓、舔能防止跳蚤、虱子等寄生虫上身。

小猫为什么爱吃鱼和老鼠呢？小猫在夜间活动，它的眼睛有“光增强装置”，瞳孔大小可调节，夜晚光线微弱时也能看清东西。这种视力需要丰富的牛黄酸，鱼肉和老鼠肉都含有牛黄酸，小猫为了补充这种物质，所以特别爱吃鱼和老鼠。小猫掩盖粪便的行为完全是出于生存本能。小猫的祖先为了防止天敌通过粪便气味发现自己，于是就将粪便掩盖起来。小猫只是保留了祖先的这种习性，已经没有防卫的意识了，却赢得了讲卫生的好名声。

巧手DIY：布偶螃蟹

____年____月____日　　心情____________________

今天孕妈妈来做一只可爱的小布偶螃蟹吧，做好后把它作为点缀，挂在自己的包包上，一定可以给你带来好心情。

准备材料

毛绒布料、针、线、丝绵填充物、扣子、剪刀。

制作步骤

1. 将一块长方形布对折（图①）。
2. 在对折的基础上再对折（图②）。
3. 拿笔画出螃蟹的形状并用剪刀剪下来（图③）。
4. 用针线沿剪开的形状缝好，注意留口填充丝绵（图④）。
5. 最后给做好的螃蟹缝上两颗扣子，作为眼睛（图⑤）。

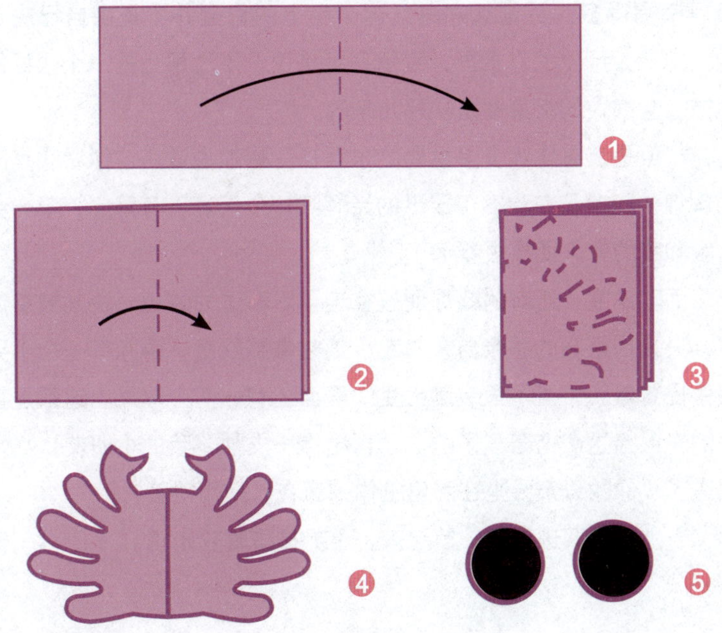

童话故事：《烛》（一）

年 月 日 心情

孕妈妈在给胎宝宝读安徒生的《烛》的故事时，可以找出蜡烛来亲自体验一下滑腻的手感。还可以点燃烛光，一边看着柔和、温暖的火苗在眼前跳动，一边将故事娓娓道来，最后不妨与胎宝宝一起分享一下你的感悟。

有一支很粗的蜡烛，它清楚自己的价值。“我的生命源于蜡，是用模子铸成的！”它说道，“我的光比别的光都亮，燃的时间也更长一些。我的位置在有罩的烛架上，在银烛台上！”

“那样的生活一定很美好！”油烛说道。“我不过是油烛罢了，在一根签子上浇成的烛。我不能总是这样，我常自我安慰，我总比一根小细烛要好一丁点儿。它们只经过两次浇浸，而我要经过八次，所以我这样粗。我知足了！诚然，出身于蜡而不是油脂要高贵、幸福得多，可谁都知道，这个世上的位置并不是由自己决定的。您在大厅里的灯罩里，我留在厨房里，不过那也是一个很好的地方。全家人的饭菜都是从那儿来的。”

“但是还有比饭食更重要的东西！”蜡烛说道。“你看欢宴时的辉煌，和自己在欢宴中放出的光辉吧！今天晚上有舞会，不一会儿我和我的家人便要去参加了。”

话刚说完，所有的蜡烛便被拿走了。不过油烛也一块儿被拿走了，夫人用娇巧的手亲自拿着它，把它拿到厨房。那儿有一个小男孩手提着篮子，篮子里装满土豆，里面还有一两个苹果。这都是善良的夫人给这个穷苦孩子的。“再给你一支烛，我的小朋友！”她说道。“你的母亲要坐在那里工作到深夜，她用得着它！”

于是它被搁进篮子，盖起来。小男孩带着它走了。

童话故事：《烛》（二）

年 月 日 心情

油烛来到了穷苦人家。“上帝赐福给那位善良的夫人！她送给我这些东西。”母亲说道，“这是一支很好的烛！它可以一直燃到深夜。”油烛被点燃了。“呸——呸！”它说道。“她拿来点燃我的火柴，气味刺鼻！在富人家里，是不会用这些来款待蜡烛的！”

那边的蜡烛也都点燃了，烛光射到了街上。这时音乐响了起来。“宴会开始了！”油烛想。它想着那个富有的小姑娘闪亮的面孔，比所有蜡烛都要明亮的面孔。“那个情景我再也看不到了！”

这时，贫苦人家最小的孩子进来了，这是一个小姑娘。她搂着哥哥姐姐的脖子，她有一件很重要的事要讲，所以必须悄悄地说：“我们今天晚上——想想看！——我们今天晚上吃热土豆！”她的脸发出幸福的光亮，烛光正射在她的脸上。她脸上露出的欢乐和幸福，和富人家的小姑娘一样。那边的小姑娘说：“我们今天晚上有舞会，我要戴上那个红色的大蝴蝶结！”“吃热土豆也那么重要吗？”油烛想道。“这边的小孩也同样这么高兴！”它打了一个喷嚏。就是说，它啪啪地响了一下。再多的动作，油烛就做不到了。

桌子摆好了，土豆也吃掉了。哦，味道多美哟！真是一顿节日的美餐。然后，每人还分到一个苹果。最小的那个孩子念起了一首小诗：“好上帝，谢谢你，你又让我吃饱了！阿门！”“说得多好，妈妈！”小家伙喊了起来。“你不必问，也不必说！”母亲说道，“你心中只想着让你吃饱的好上帝吧！”孩子们都上了床。每人得了一个吻，很快便都睡着了。母亲坐着缝衣，一直缝到了深夜，为了挣钱养活他们和她自己。富人那边烛光闪闪，乐声悠扬。星星照着千家万户，照着富人也照着穷人，同样明亮，同样慈祥。

“这真是一个十分美好的夜晚！”油烛觉得。

准爸爸介绍动物：鸳鸯

年 月 日 心情

在我国，鸳鸯象征不离不弃的美好爱情，经常用来比喻夫妻。今天，准爸爸来为胎宝宝介绍这种动物吧。希望准爸爸在胎教过程中，能回想起与孕妈妈之间甜蜜的爱情故事。

鸳鸯的特征

准爸爸来给胎宝宝描述一下鸳鸯为何物吧。

鸳鸯的外形似野鸭，体形较小。嘴扁，颈长，趾间有蹼，擅长游泳，能飞。雄鸳鸯的羽毛绚丽多彩，头后有铜赤、紫、绿等色羽冠；嘴红色，脚黄色。雌鸳鸯的体形稍小，羽毛呈现苍褐色，嘴灰黑色。它们通常栖息于内陆湖泊和溪流边。在我国内蒙古和东北部繁殖，越冬时在长江以南直到华南一带。为我国著名特产珍禽之一。旧传雌雄偶居不离，故称“匹鸟”。

鸳鸯的寓意

中国古代，以鸳鸯之好来比喻订盟约。起初是把鸳鸯比作兄弟。三国魏曹植《释思赋》有云：“况同生之义绝，重背亲而为疏。乐鸳鸯之同池，羡比翼之共林。”这里的鸳鸯用来比喻志同道合的兄弟。以鸳鸯比作夫妻，最早出自唐代诗人卢照邻《长安古意》诗，诗中有“愿作鸳鸯不羡仙”一句，赞美了美好的爱情，以后一些文人竞相效仿。

关于鸳鸯的古诗

自古以来，有关鸳鸯的诗歌数不胜数，今天，我们就来推荐一首：

南山一桂树，
上有双鸳鸯。
千年长交颈，
欢爱不相忘。

大意是：在南山的一棵桂树上有两只鸳鸯，它们相守千年，欢乐和谐，谁也不会忘记这段情分，抛弃对方。

猜成语

年 月 日 心情

下面的每一幅图都含有一个成语，孕妈妈能猜出来吗？猜出成语只是第一步，接下来别忘了把这些成语的含义和背后的故事讲述给胎宝宝听哦。

三 四

无有

七 八

粗 细

话 话

礼 兵

祸

击 声

僧 僧 僧 僧 僧 粥 僧 僧 僧 僧 僧 僧 僧 僧 僧

答案：颠三倒四、无中生有、七上八下、粗中有细、话中有话、先礼后兵、祸从口出、声东击西、僧多粥少

散文欣赏：《春》节选

年　月　日　心情

一年四季中，春天是最美好的季节。当暖融融的春风吹过大地，驱走了冰冷和严寒，也带给了人们新一年的希望。孕妈妈是否还记得朱自清先生那篇著名的散文——《春》？今天，就来和胎宝宝一起重温一下吧。

盼望着，盼望着，东风来了，春天的脚步近了。

“吹面不寒杨柳风”，不错的，像母亲的手抚摸着你。风里带来些新翻的泥土的气息，混着青草味，还有各种花的香，都在微微润湿的空气里酝酿。鸟儿将巢安在繁花嫩叶当中，高兴起来了，呼朋引伴地卖弄清脆的喉咙，唱出宛转的曲子，与轻风流水应和着。牛背上牧童的短笛，这时候也成天嘹亮地响着。

雨是最寻常的，一下就是三两天。可别恼，看，像牛毛，像花针，像细丝，密密地斜织着，人家屋顶上全笼着一层薄烟。树叶儿却绿得发亮，小草也青得逼你的眼。傍晚时候，上灯了，一点点黄晕的光，烘托出一片安静而和平的夜。在乡下，小路上，石桥边，有撑着伞慢慢走着的人，地里还有工作的农民，披着蓑，戴着笠。他们的房屋稀稀疏疏的，在雨里静默着。

天上的风筝渐渐多了，地上的孩子也多了。城里乡下，家家户户，老老小小，也赶趟儿似的，一个个都出来了。舒活舒活筋骨，抖擞抖擞精神，各做各的一份事儿去。“一年之计在于春”，刚起头儿，有的是工夫，有的是希望。

春天像刚落地的娃娃，从头到脚都是新的，它生长着。

春天像小姑娘，花枝招展的，笑着，走着。

春天像健壮的青年，有铁一般的胳膊和腰脚，领着我们上前去。

为居室增添艺术气息

年　月　日　心情

优美的家庭环境和艺术气氛的熏陶，会使孕妈妈的精神处于安然宁静的氛围中，既有助于孕妈妈保持心境平和，也有利于胎宝宝的健康发育。

多数孕妈妈对于孕期的家具环境布置都倾向于实用化，而缺少艺术的美感。有的孕妈妈认为艺术化的布置和装饰多此一举，没有什么实际意义。其实不然，一些艺术的布置和装饰，对于孕期生活是有利的。

首先，充满艺术气息的环境可以改善孕妈妈的情绪，放松紧张的心情；其次，可以对胎宝宝随时进行美育胎教。因此孕妈妈有必要让自己的居室艺术一点。

所谓艺术气息就是指将充满艺术感的色彩和装饰物运用到家居环境当中，为空间增添活力。装饰画、靠垫、桌布、挂钟、小摆件、盆栽、台灯、烛台、花瓶、窗帘等，都是可以利用的素材。

不妨在墙上或床头挂上一幅风景画，它可使房间有纵深感，使视野豁然开阔起来，同时也能使紧张、劳累了一天的孕妈妈消除疲劳。也可在室内挂一些书法、名画，时时欣赏，以陶冶性情。

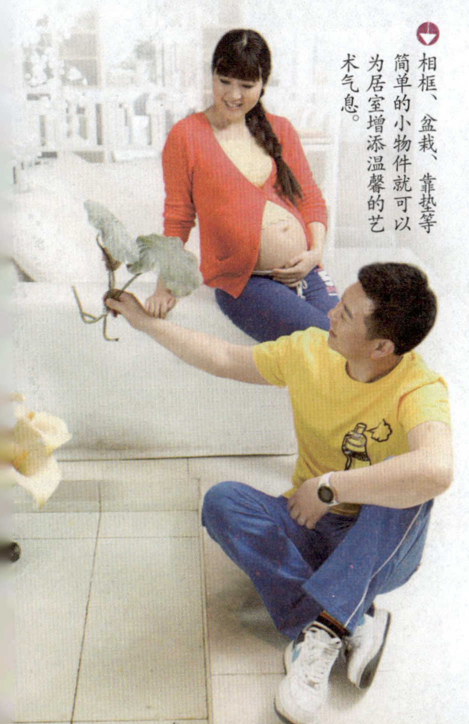

相框、盆栽、靠垫等简单的小物件就可以为居室增添温馨的艺术气息。

台布、床罩、窗帘等在图案风格、色彩上都应协调一致，形成统一的风格。布艺与装饰布艺最容易出效果。可以选择与居室环境相匹配的富有中国、日本、印度等东方国家传统文化元素的布艺作品，可以营造出精彩的意境。

一张照片、一叶书签、一串项链都可以成为营造艺术气氛的宝贝。如果你们之前经常出游，可以将从异地带回的有地方特色的工艺品摆放或悬挂出来，它不仅可以作为承载甜蜜记忆的容器，更能增添居室的艺术气息。

不同的搭配可以创造出无限艺术空间风貌，只要多花一点心思，就可以让自己的心情很不同。赶快动动脑子动动手，行动起来吧！

第138天

趣味指印画：青蛙

年 月 日 心情

用手指印作画是不是很有趣？蹲在荷叶上的青蛙，再搭配上游来游去的小金鱼，多漂亮呀！孕妈妈也来试一试吧。千万别忘了，作完手指印画，一定要立即把双手洗干净。

作画步骤

1. 首先用拇指印出身体（图①）。
2. 再用小指印出双腿（图②）。
3. 最后用笔画出眼睛、嘴巴、腿及脚（图③）。

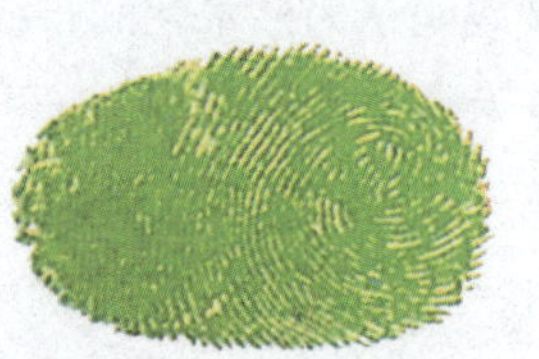

①

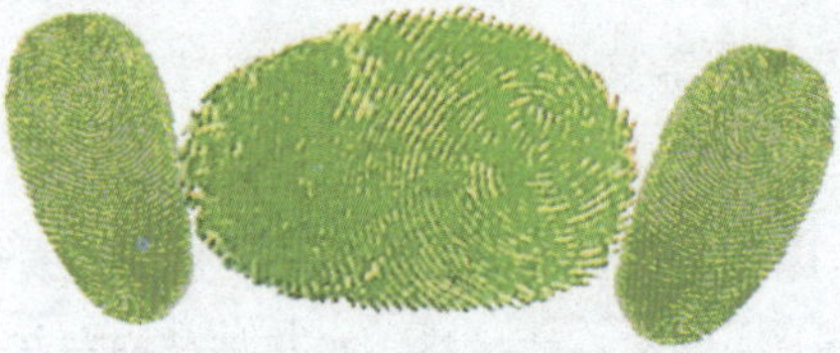

②

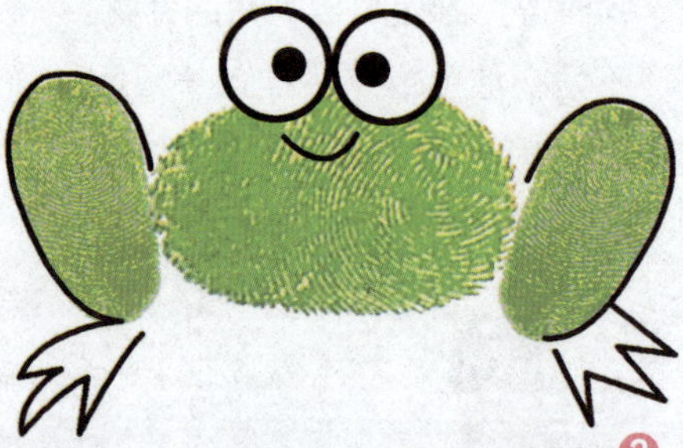

③

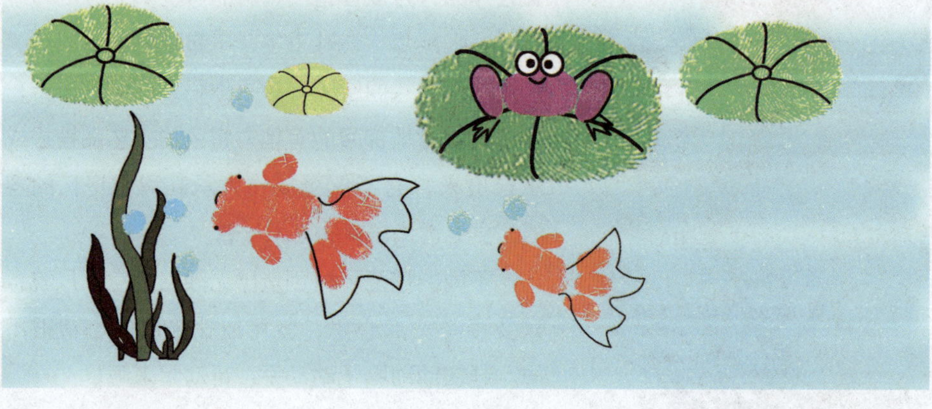

童话故事：《舞吧，舞吧，我的玩偶》节选

年 月 日 心情

这篇风趣的故事是安徒生创作的，可以看出，虽然当时这位伟大的童话作家的生命已经接近尾声，但是他的心依然停留在童年。孕妈妈来给胎宝宝读一读吧。

“是的，这就是一支唱给顶小的孩子听的歌！”玛勒姑妈肯定地说。“尽管我不反对它，我却不懂这套‘舞吧，舞吧，我的玩偶’的意思！”

但是小小的爱美莉却懂得。她只有三岁，她跟玩偶一道玩耍，而且把它们教养得跟玛勒姑妈一样聪明。

有一个学生常常到她家里来；他教她的哥哥做功课。他和小爱美莉和她的玩偶讲了许多话，而且讲得跟所有的人都不同。这位小姑娘觉得他非常好玩，虽然姑妈说过他不懂得应该怎样跟孩子讲话——小小的头脑是装不进那么多的闲聊的。但是小爱美莉的头脑可装得进。她甚至把学生教给她的这支歌都全部记住了：“舞吧，舞吧，我的玩偶！”她还把它唱给她的三个玩偶听——两个是新的：一个是男孩，一个是姑娘；第三个是旧的，名叫丽莎。她也听这支歌，甚至她就在歌里面呢……

玩偶们都懂得这支歌；小爱美莉也懂得。学生也懂得——因为这支歌是他自己编的。他还说这支歌真是好极了。只有玛勒姑妈不懂得。不过她已经跳过了儿童时代的这道栅栏。

“一支无聊的歌！”她说。小爱美莉可不认为是这样。她唱着这支歌。

我们就是从她那里听来的。

悄悄地聆听妈妈的世界

宝宝，你的身体在长大，妈妈走路的时候有些吃力了。妈妈的肚子也在长大。每当在B超单上看到你的模样，或是通过胎动感受到你的存在，我都异常兴奋。这种幸福的体验能够让我克服一切艰难。

 21～24周宝宝成长周历

第21周：初具消化功能

从现在起，胎宝宝的主要任务就是增加体重。胎宝宝在身体发育时，也逐步变成有意识、有感觉、有反应的人了。为了适应子宫外的生活，宝宝开始用胸部做呼吸运动了。

同时，胎宝宝的面部器官已经开始发育，味蕾开始在舌面上形成。另外，胎宝宝已初步具备了消化功能。

第22周：长出了小眉毛

本周胎宝宝的身长约为21厘米，体重约为630克。胎宝宝的眉毛、眼皮和睫毛长出来了。感觉器官进一步发育，不仅能够很清楚地听到母体外的声音，即使孕妈妈轻轻拍打腹部，他也会被惊醒。牙齿在这时也开始发育了，主要是恒牙的牙胚在发育。

第23周：皱巴巴的像个小老头

此时胎宝宝身体比例已较为匀称，但皮肤很薄且皱巴巴的、红红的，全身覆盖着一层细细的绒毛，样子像个小老头儿。皮肤几乎没有皮下脂肪，但皮肤上的那些皱褶是给皮下脂肪的生长留有余地的。胎宝宝肺部的组织和血管正在发育中。

第24周：可以分辨出更多的声音

24周时的胎宝宝大约已有820多克，本周应该算作一个里程碑，因为这时的胎宝宝在精心的医疗护理下，已经能够在子宫外存活。胎宝宝可以分辨孕妈妈的说话声音、心跳的声音和肠胃蠕动时发出的“咕噜、咕噜”的声音。一些大的噪声，胎宝宝也能分辨出来，并会表现出躁动不安。呼吸系统进一步发育，肺内的细胞开始分泌表面活性物质。

这一时期的胎教重点任务

情绪胎教

6个月的胎宝宝大脑发育已经趋于完善，并具有了自我意识，对外界的刺激也能够作出一定的反应，渐渐形成了喜、怒等情感，所以胎宝宝可不是什么都不懂，孕妈妈应该像对待一个“有个性”的小人儿一样对待胎宝宝，要用愉悦的情绪去影响他。

推荐活动 与大自然充分交流 

运动胎教

大多数孕妈妈在怀孕期间都会出现下肢水肿的症状，为了缓解症状，孕妈妈除了在日常生活中需要注意休息，睡觉时把下肢垫高以外，还可以做一做腿部运动操。

推荐运动 腿部关节运动操 

营养胎教

孕期贫血是孕妈妈比较容易发生的营养缺乏病之一。有些孕妈妈饮食结构单一，比较挑食，或者饮食太过精细，这些都比较容易导致孕期缺铁性贫血。所以，孕妈妈应该通过改善饮食，合理摄入全面而均衡的营养，保证摄入充足的铁元素。另外，还要多吃一些富含维生素C的果蔬，这有助于身体对铁的吸收。

推荐菜肴 紫菜蒸茄子 

腿部关节运动操

年 月 日 心情

为了可以轻松行走，孕妈妈要让自己的腿部关节柔韧有力。那么，今天就来做一做腿部关节运动保健操吧。

运动方法

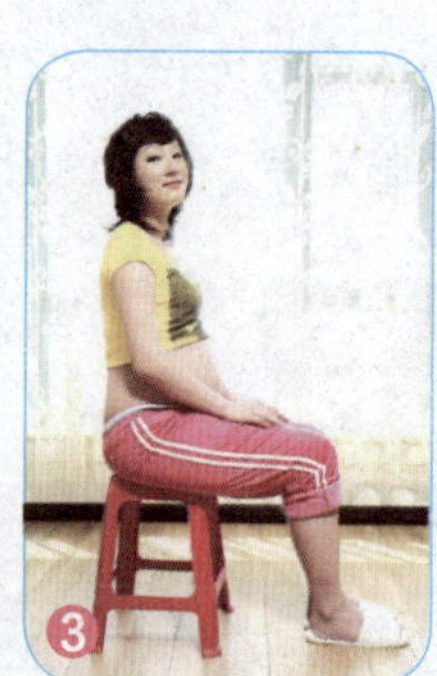

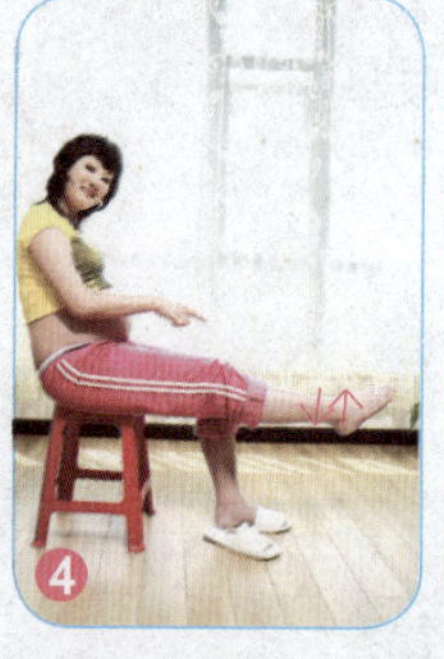

1. 孕妈妈站直后，双手扶着椅背，此时重心应放在左脚上（图①）。
2. 右脚向后抬起画圈（图②）。做10次后换左脚，重复同样动作。
3. 坐在凳子上，全身自然放松，背部挺直，小腿与地面呈90°角（图③）。
4. 右脚抬起，脚踝上下摆动约30秒（图④），或者将抬起的脚踝以顺时针或逆时针方向打圈转动。再换另一只脚做相同动作。
5. 双手轻扶椅子，腰部挺直，慢慢吸气，同时手臂用力，使身体的重心集中在椅子上（图⑤）。
6. 脚跟慢慢提起，腰部挺直，让脚尖着地，然后慢慢呼气，手臂放松，脚跟重新着地（图⑥）。

运动功效

这套操可以活动筋骨，改善腰酸背痛，强化骨盆肌肉，增强会阴部肌肉的弹性，促进腿部的血液循环。

风景古诗两首

年 月 日 心情

书中自有黄金屋，诗词之中也自有美景如画。今天，孕妈妈来欣赏两首情景交融的古典诗，领略一下诗中有画的艺术境界吧。孕妈妈可以一边念诵古诗，一边在头脑中冥想诗句所描述的美丽画面，并且把脑海中的图画用意念传递给胎宝宝，这会使胎教的效果更好。

饮湖上初晴后雨

宋 苏轼

水光潋滟晴方好，
山色空蒙雨亦奇。
欲把西湖比西子，
淡妆浓抹总相宜。

赏析

这是一首赞美西湖美景的诗，在苏轼的眼中，西湖的美是晴天的阳光明丽，也是雨天的空濛迷茫，如同美女西施一样，无论是淡妆还是浓抹，都一样美丽动人。晴天的水，雨天的山，通过两种天气，两处景观，十分具体地表现出西湖风光多变又灵秀的美。将西湖比西子这一经典的比喻，被宋人称为“道尽西湖的好处”。

望洞庭

唐 刘禹锡

湖光秋月两相和，
潭面无风镜未磨。
遥望洞庭山水翠，
白银盘里一青螺。

赏析

这是诗人刘禹锡遥望洞庭湖而写下的一首山水小诗。诗人用简单直白的语言描绘了湖光、山色、秋月相映相融的美景。既有细致的描写，又有生动的比喻，使得浪漫迷人的月夜洞庭跃然纸上。诗歌的语言虽然浅白如话，却韵味隽永，令人回味，字里行间都流露出了诗人对洞庭美景的喜爱之情。

名曲欣赏：《月光》

年 月 日 心情

又到了欣赏音乐的时间了，今天，孕妈妈带着胎宝宝一起来欣赏一首美妙的钢琴曲吧。这首优美的《月光》会让孕妈妈和胎宝宝的心情平静下来。沉浸在醉人的旋律中，是一件多么幸福的事情啊！

欣赏时间

这首乐曲尤其适合孕妈妈心情忧郁时听，除了可以平复心情以外，还可以让孕妈妈尽快进入睡眠，最适合在午睡或晚上临睡前听。

欣赏指导

乐曲一开始就以明亮的旋律、缓慢的速度向下浮动，宛如月亮正把银色的光芒洒向人间。接着，在连续的和弦进行中，前面部分轻轻地奏出优雅的“月光曲”。中间部分由3个段落组成，是一个富于抒情意味的部分，抒写了人们在银色月光下浮想联翩、舒心歌唱的情绪。乐曲的再现部分，把月色描绘得更加富于诗意。由于这首乐曲的旋律清新并富于浪漫情调，较通俗易懂，因而流传较广。

作者采用了色调柔和而明净的和声着意描绘了月夜幽静的氛围和浪漫的景色，令听者心旷神怡。

关于这首曲子

《月光》是德彪西早期代表作《贝加马斯卡组曲》中的第3曲，创作于1890年。德彪西曾留学于罗马，在留学期间，他游历了风光秀丽的贝加摩地区，并被它的风光所吸引，之后就根据自己的印象创作了该曲。

欣赏温馨亲子照（第二波）

____年____月____日　　心情____________

亲子照记录了爸爸妈妈和宝宝生活中温馨或有趣的瞬间，孕妈妈是否也想象过和宝宝在一起时的有趣画面？现在宝宝还没有出生，孕妈妈先来分享一下其他父母和宝宝之间快乐美好的瞬间吧。

食用藻类食物更健康

年 月 日 心情

藻类食物有助于胎宝宝的智力及视力发育，还能预防和缓解缺铁性贫血以及早产。所以孕妈妈在日常饮食中应摄入适量的藻类食物。今天准爸爸就来学两道藻类营养菜吧。

芦笋拌海带

材料 芦笋、海带各200克，蒜末10克。

调料 盐、白醋、香油各适量。

做法

1. 芦笋去老皮，洗净，切段；海带洗净，切条；芦笋段和海带条分别入沸水中氽熟后捞出。
2. 碗中放入芦笋段、海带条，加入蒜末、盐、白醋、香油，拌匀即可。

功效

海带含有20多种人体必需的氨基酸和镁、锰、锌等多种矿物质。

紫菜蒸茄子

材料 茄子250克，紫菜50克，蒜适量。

调料 盐、生抽、香油各少许，上汤适量。

做法

1. 将茄子用清水洗净，留皮，切成段，然后对切成条；紫菜用清水泡软，洗净；蒜去外皮，用清水洗净，切蓉。将上汤放入碗中，加入适量盐、生抽、香油拌匀，调成味汁。
2. 将茄子整齐地码放在碗中，然后在茄子上均匀地放上紫菜和蒜蓉，入蒸锅中蒸熟，最后在茄子上淋上味汁即可上桌食用。

电影欣赏：《音乐之声》

____年____月____日　　心情____________

《哆来咪》、《孤独的牧羊人》、《雪绒花》、《音乐之声》，这些耳熟能详的歌曲，孕妈妈一定不陌生。这些歌曲都出自于著名的音乐影片《音乐之声》。今天孕妈妈就来欣赏一下这部影片吧。

简介

1965年，二十世纪福克斯电影公司拍的电影版《音乐之声》登上了世界舞台，受到全世界各个国家数百万观众的喜爱。

片名 The Sound of Music

译名 音乐之声

导演 罗伯特•怀斯

主演 朱丽•安德鲁斯 / 克里斯托弗•普卢默

类型 传记 / 剧情 / 家庭 / 歌舞

制片国家/地区 美国

语言 英语

上映日期 1965-03-02

片长 174 分钟

影片中玛利亚是一个年轻活泼的修女，喜欢在大自然中高歌。她活泼好动和热爱自然的性格常常使她忘记了修道院里的规矩。院长认为玛利亚并不属于规矩严格的修道院，于是决定安排玛利亚到特拉普上校家当家庭教师。上校的妻子去世多年，留下7个孩子，他对孩子管教严格。玛利亚遭到孩子的恶作剧，但是并没有选择离开。而是像个母亲一样照顾他们，很快跟孩子们融合在一起。上校也渐渐在玛利亚的引导下改变了对孩子们的态度。上校与玛利亚之间感情越来越深，他们完婚后回到了已被纳粹占领的奥地利，上校并不想为纳粹办事，一家人准备逃跑……

赏析

影片改编自玛丽亚•冯•崔普的真实故事，这部电影里充满了孩子的笑声和音乐、舞蹈等元素，清新有致，热情欢愉，既有幽默的情趣，又有深沉凝重的情感，有很多值得珍惜和细细回味的地方。

给胎宝宝念儿歌（一）

年 月 日 心情

进入孕6月，孕妈妈可以和胎宝宝有更多的互动。其中语言上的交流是必不可少的。儿歌是专门以宝宝为接受对象的带有民歌风味的简短诗歌，对于语言能力的培养非常有益。孕妈妈可以经常给胎宝宝念儿歌，以这种方式来与胎宝宝交流。

坐花轿

花大姐，
坐花轿，
花蕊里面甜甜笑。
风不吹，
树不摇，
香香美美睡一觉。

新年到

新年到，真热闹，
姑娘要花，
小孩要炮，
老奶奶要块大年糕，
老爷爷要顶新毡帽。

月亮像什么

初一初二一根线，
初三初四看得见，
初五初六像眉眼，
初七初八像小船，
到了十五和十六，
明亮圆圆像圆盘。

胎教经验分享

欢快的儿歌可以使孕妈妈产生敏捷的思维和丰富的想象。有关研究表明，孕妈妈在思考和想象时体内能够产生一种神经递质，这种神经递质可以经过血液循环进入胎盘而传递给胎宝宝，然后分布到胎宝宝的大脑及全身，并且可以给胎宝宝脑神经细胞的发育创造一个与母体相似的神经递质环境，从而优化胎宝宝的神经系统。

名曲欣赏：《彼得与狼》

年 月 日 心情

《彼得与狼》是用乐器讲述的一个非常生动的童话故事，它告诉人们，勇敢、团结，懂得利用自己的智慧的人，才能战胜强大的敌人。今天，孕妈妈就来和胎宝宝一起欣赏这部交响乐童话吧。

欣赏时间

孕妈妈可选择上午或下午的休闲时间来开启这段音乐，与胎宝宝一起走进这个活泼有趣又富有教育意义的童话世界吧。孕妈妈还可以找出整个故事，声情并茂地讲述给胎宝宝听。

欣赏指导

这首曲子运用不同的乐器来刻画人物和动物的性格、动作和神情，非常有创意。曲中用长笛的高音区吹出明亮的旋律，表现小鸟的灵活欢愉；弦乐奏出了明快的音乐，描绘了彼得的机智勇敢；双簧管的音色与鸭子的叫声很像，鸭子很善良，所以吹奏出的音乐也是优美动听的。单簧管的跳音演示了小猫捕捉猎物时诙谐调皮的神情；爷爷老态龙钟的神态由大管的浑厚、粗犷的音律来表现，节奏和音调模拟了老人唠唠叨叨的样子；狼阴森可怕的嚎叫用三只圆号来体现。

这首曲子技巧成熟，充满着青春的朝气，明朗而热情，旋律通俗易懂，非常有趣，思想内容还十分具有教育意义。它告诉人们，团结起来，勇敢地进行斗争，巧妙地利用自己的机智，再强大的敌人也是可以战胜的。孕妈妈别忘了把乐曲中的道理讲给胎宝宝听哦。

关于这首曲子

《彼得与狼》是前苏联作曲家普罗科菲耶夫为孩子创作的一部交响乐童话，但成年人也会对它产生兴趣。它讲述了彼得运用自己的勇敢与智慧战胜恶狼的故事，其中描述了很多角色，如彼得、狼、小鸟、鸭子、老爷爷及猎人等。一边用管弦乐队演奏表达不同的音乐形象，一边用富于表情的朗诵词，二者结合来解说音乐内容的情节。这部作品2006年被改编成电影短片，并获得了奥斯卡最佳动画短片的奖项。

诗歌欣赏：《雪花的快乐》

年　　月　　日　　心情

徐志摩一生追求爱、美与自由，所以他的诗歌充满了浪漫主义色彩。这首《雪花的快乐》意境空灵优美，是诗人的代表作品。孕妈妈来给胎宝宝深情地朗诵这首诗歌吧。

假如我是一朵雪花，
翩翩的在半空里潇洒，
我一定认清我的方向——
飞扬，飞扬，飞扬——
这地面上有我的方向。
不去那冷寞的幽谷，
不去那凄清的山麓，
也不上荒街去惆怅——
飞扬，飞扬，飞扬——
你看，我有我的方向！

在半空里娟娟的飞舞，
认明了那清幽的住处，
等着她来花园里探望——
飞扬，飞扬，飞扬——
啊，她身上有朱砂梅的清香！
那时我凭借我的身轻，
盈盈的，沾住了她的衣襟，
贴近她柔波似的心胸——
消溶，消溶，消溶——
溶入了她柔波似的心胸！

评析　雪花是纯而美的精灵，是诗人自我性灵的化身。美丽的雪花“翩翩的在半空里潇洒”，“飞扬，飞扬，飞扬”，坚定、执着，充满欢乐，让人深受感染。孕妈妈是否也感觉到灵魂随着诗句的洗礼，变得轻盈起来了呢？让自己沐浴在美的世界里，这是给胎宝宝最美的胎教。

闪光卡片：教胎宝宝认字母（一）

______年______月______日　　心情______________________________

字母的学习同数字一样，也要遵循发音、形象及色彩的组合。今天，我们先来学习“a～f”6个字母。孕妈妈要多重复几遍每个字母的发音，并把它们的形象和色彩通过意念传递给胎宝宝。

准爸爸讲金鱼和蚂蚁的特异功能

年　月　日　心情

自然界可爱的小动物具有奇妙的本领和有趣的奥秘。准爸爸带着孕妈妈和胎宝宝一起走进知识的海洋去探寻一番吧。今天准爸爸讲知识的主题是金鱼的“出身”和本领以及蚂蚁为什么会排队。

金鱼的“出身”和本领

金鱼是我国特有的观赏鱼类，它们体态优美，颜色艳丽，为环境增添无限的情趣，受到人们的喜爱。金鱼长着鼓鼓的眼睛，体短而肥，一般都有宽大的尾鳍。由于形体和游姿十分优美，所以常被人们养在家中。那么，金鱼是从哪里来的呢？它们又有哪些常见的种类呢？下面我们就来了解一下吧。

金鱼又叫金鲫鱼，是由鲫鱼的一个品种演化而成的观赏鱼类，由于人工喂养，生活安逸，金鱼的身体变短变鼓，行动迟缓，尾鳍逐渐宽大。经过长期人工培育选择，产生了许多著名的品种。

金鱼主要分为四个种类：草种，体形、尾鳍与普通鲫鱼相同；文种，体形像“文”字；龙种，体形粗短，泡眼，鳍散张；蛋种，体形又粗又短，似蛋形，背无鳍。

金鱼不仅形体特殊，外观美丽，还有特异的生存本领，如可以在严重缺氧的时候活好几天，这是其他动物都做不到的。这是因为，金鱼体内有无氧代谢的机制，是金鱼在长期进化中形成的适应环境的特异功能。

蚂蚁为什么会排队

我们常常看见地上的蚂蚁忙来忙去，有的拖着比自己身体大几倍的食物，经常排着队有秩序地爬来爬去。那么，蚂蚁走路时为什么会排队呢？下面我们就来揭开这个奥秘！

这是因为，蚂蚁是会闻气味的。在前边走的蚂蚁会在爬过的地面上留下一种气味，跟在后边的蚂蚁闻到这种气味后就跟了过来，其他的蚂蚁也一样。这样一来，它们就排成长队回家了。这也是它们记路的方法，如果气味消失不见，它们就容易迷路。

蹲姿滚动球保健操

年 月 日 心情

感觉到浑身酸痛的孕妈妈来尝试做滚动球保健操吧，这套保健操有很多功效，做法也非常简单，赶快来了解一下吧。

运动方法

❶ 孕妈妈准备一个大球，放置在墙边。双腿分开，双手放在腹部，臀部抬起，后背紧紧地靠在球上（图①）。

❷ 孕妈妈保持好重心，将双腿向左右摇摆，坚持2～3分钟为宜（图②）。

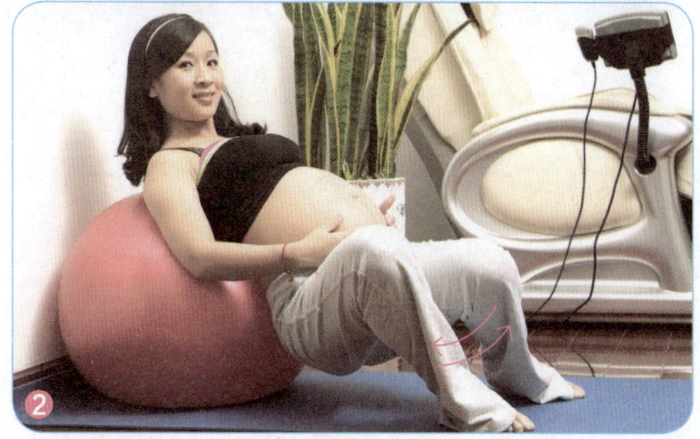

运动功效

这套操可以锻炼孕妈妈臀肌和下肢肌肉的力量，还可以缓解孕妈妈肩背酸痛的症状。

注意事项

◎要注意球的质量，保证其不会轻易被压破。

◎孕妈妈背靠在球上的时候，因为臀部略抬起，所以要保持重心。

◎可以每天早晚各练习1次，每次控制在20分钟左右。

为胎宝宝作画

年　月　日　心情

多接触美丽的图画和亲手绘画，是孕妈妈实行胎教的一项重要内容。不论是简笔画还是铅笔速写，只要是喜欢的形式，就随心所欲地画出来吧。

请孕妈妈在这里给胎宝宝画幅画吧

胎教经验分享

心理学家认为，画画不仅能提高人的审美能力，还能通过笔触和线条来释放内心的负面情感，调节心绪平衡。有的孕妈妈认为自己不会画画，或者怕自己画得不好，其实大可不必这样认为，即使不会画画，在涂涂抹抹之中也可以享受到乐趣。所以，孕妈妈不要在意自己画得好或不好，只要自己能感到快乐和满足，就可以随心所欲地画下去。

和胎宝宝一起玩“踢肚子”游戏

____年____月____日　　心情____________

孕6月时，胎宝宝正在茁壮成长，胎动也越来越明显。这个时候，胎宝宝需要和孕妈妈有更多的互动，而轻松的“踢肚子”游戏是很好的胎教互动方式。

“踢肚子”游戏的好处

事实证明，经过拍打肢体训练的胎宝宝，出生后肢体肌肉强健有力，抬头、翻身、坐、爬、走等动作均早于一般宝宝。

游戏方法

◎**第一阶段。**孕妈妈可以通过拍打胎宝宝的肢体与胎宝宝建立条件反射，每次3~5分钟。当胎宝宝踢肚子时，孕妈妈可以轻轻拍打被踢部位，然后再等第二次踢肚子。一般1~2分钟后，胎宝宝会再踢，这时再拍几下，还要称赞他“棒极了”。

◎**第二阶段。**第一阶段成功后，如果孕妈妈拍的地方改变了，胎宝宝会向改变的地方再踢，作为回应。待胎宝宝熟练后，孕妈妈可以来回改变拍打的部位，但要注意，改变拍的位置离原来踢的位置不要太远。

◎**第三阶段。**前两个阶段熟练后，孕妈妈可以再提高难度。一边喊“两下”，一边在腹部拍两下。如果胎宝宝也作出回应，踢了两次，就获得了成功。接着可以尝试三下，观察胎宝宝的反应。

触压和拍打增强了胎宝宝肢体的活动能力，是一种有效的胎教方法。

游戏时的注意事项

◎当胎宝宝出现蹬腿不安时，要立即停止训练，以免发生意外。

◎踢肚子游戏的结果会有明显的个体差异，有些胎宝宝会在几秒钟之内作出反应，也有些毫无反应。要注意的是，即使起初没有任何反应，也应该耐着性子坚持两周。初期每天尝试2~3次。

闪光卡片：教胎宝宝认汉字（一）

年　月　日　心情

前面孕妈妈已经尝试过用闪光卡片教胎宝宝认识数字和字母，其实也可以用同样的方法来教胎宝宝认识汉字。今天，孕妈妈就从简单的——“人”和“口”教起吧。

进行汉字胎教的时候，孕妈妈要集中注意力，用标准的发音念出闪光卡片上的汉字。然后用手指在卡片上描摹笔画，将“人”和“口”两个字的形象深深地印入脑中，并通过意念传递给胎宝宝。

孕妈妈还可以结合汉字进行联想，并说给胎宝宝听，例如，“人”字就如同一个人在迈开双腿走路，人类就像这个汉字所表现的那样，是直立着迈开双腿走路的。而“口”则像是一个张开的嘴巴，我们说话或者吃东西的时候，会把嘴巴张开，就像汉字所表现的那样。

孕妈妈可以结合生活中的形象与事实来帮助胎宝宝加深对这两个字的理解，这也会使孕妈妈与胎宝宝之间交流的内容更加丰富多彩。

童话故事：《天鹅湖》节选

年 月 日 心情

天鹅美丽而高贵，古今中外，关于天鹅的故事有很多。今天，孕妈妈来给胎宝宝讲一个关于天鹅与王子的童话故事吧。

一位王子带着他的侍卫出来打猎。他们迷了路，来到湖边："王子殿下，您看，湖上有天鹅！"侍卫惊奇地喊道。王子一看，五只白天鹅优雅地在湖面上游着。忽然不可思议的情景展现在王子和侍卫眼前。白天鹅一只接一只地变成了五个美丽的少女。王子静静地看着她们美丽的舞姿。心想，这里面一定有什么原因。王子走近少女："我叫齐格弗里德，我能帮助你们吗？"少女中最美丽的一位走近来说："我是邻国的公主奥德特，因为拒绝魔鬼洛德巴特的求婚，而被施了魔法。只有到了晚上，我们才能现出人的原形。"

王子听了十分气愤，正在这时，魔鬼洛德巴特变成猫头鹰朝王子扑来，王子拔出剑，迎战猫头鹰。打了几个回合，猫头鹰的翅膀被剑刺伤。"王子，我不会饶了你的！"猫头鹰喊着，惊惶地逃跑了。"奥德特公主，怎样才能解除你身上的魔法呢？"王子问。"必须有一位英勇的王子，敢于当众宣布与我结婚。"公主说。王子十分高兴："明天晚上，我在城堡举行舞会。当众向你求婚！"谁知，他们的对话被藏在树丛里的洛德巴特听到了。

夜晚，城堡里正在举行盛大的舞会。来自远近六个国家的公主正随着优美的乐曲摆动着美丽的舞姿。她们都希望能和王子结婚。可是，王子心里只想着奥德特公主。这时，奥德特公主出现在大厅里。王子牵起她的手，随着乐曲跳起舞来。所有的人都睁大眼睛惊叹道："啊！多么美丽的公主呀！"

折只有趣的蝉

年 月 日 心情

从春到秋，蝉一直以不知疲倦的调子唱着蝉歌，为大自然增添生趣。因此，自古以来，蝉便受到文人墨客的歌颂。“居高声自远，非是藉秋风”——这是唐代诗人虞世南描写蝉鸣的著名诗句，抒发了高洁的情怀。除了写诗歌颂以外，我们还可以用折纸的方式来表示对蝉的喜爱之情。

制作步骤

1. 先取一张正方形的纸，备用。
2. 沿虚线对角折成一个正三角形（图①）。
3. 将下面两个角对称地沿虚线向上折（图②）。
4. 再将折好后的两个小角沿虚线向下折，这样蝉的两个翅膀就有了雏形了（图③）。
5. 将下面一层的一个角向下沿虚线折起来，注意，所折的幅度要大一些（图④）。
6. 再将最下面一层的一个角向下折，幅度较上一层略小一些（图⑤）。
7. 完成以上步骤后，该为蝉添上翅膀了，将两边分别按照虚线向下折，这样一对有趣的翅膀就出来了（图⑥、图⑦）。
8. 最后，再用你喜欢的彩色笔为蝉添上眼睛，一只有趣的蝉就完成了（图⑧）。

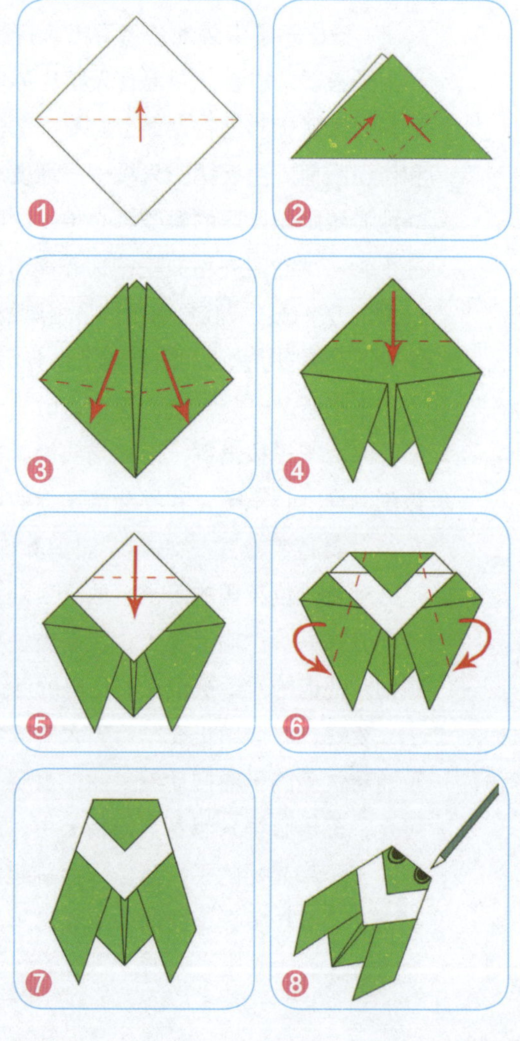

与大自然充分交流

______年______月______日　　心情______________________________

大自然蕴藏着丰富的宝藏，对于孕妈妈来说，它更是个胎教资源的宝库。亲近大自然，可以获得大量的愉悦体验，这些体验将最终成为胎宝宝的体验。所以，孕妈妈应该充分接触自然界，与大自然充分交流。

置身于大自然中时，孕妈妈可以把自己的所见所闻与胎宝宝分享。把目光所及的花草、树木、动物、水果、蔬菜等的名称都悉数讲给胎宝宝听。还可以把花朵的颜色、形状，动物的叫声，流水的声音等也描述给胎宝宝。

除了描述事物的形状和声音以外，还可以上前闻闻花朵的香气，用手去触摸和感受事物的质地。

孕妈妈可以一边感受事物的各个细节，一边将自己的感受告诉给胎宝宝，这种描述越具体越好。孕妈妈可以打开思路，对于拓宽胎宝宝的思维空间也是有意义的。

如果孕妈妈不方便到自然景区去，可以选择观察路边或者小区附近的公园里的植物，或者可以踱步到花店门前观察各类鲜花。

观察动物也是同样的道理。孕妈妈可以到动物园或水族馆看各种动物，对胎宝宝描述它们的样子，也可以靠近笼子或水池边仔细观察并描述它们。

除了描述动物的颜色、体型、外形之外，孕妈妈还可以具体地讲述它吃东西的样子，走路的姿态，游泳的姿势等。如果遇到温顺可爱的小动物，如兔子、小松鼠、山羊等，还可以摸一摸，告诉胎宝宝当时的手感。

如果孕妈妈经常这样做，胎宝宝出生后就会自然地喜爱亲近自然和动物。

大自然是胎教资源的宝库，融入自然当中，才能更深刻地捕捉到生活的爱与美。所以准爸爸多陪孕妈妈一起到大自然中去尽享宝贵的甜蜜时光吧。

诗歌欣赏：《别董大》《赠花卿》

年 月 日 心情

前面我们已经和孕妈妈一起欣赏了几首唐诗。唐诗的世界丰富多彩，今天我们就接着来领略唐诗的魅力。

别董大

唐 高适

十里黄云白日曛，
北风吹雁雪纷纷。
莫愁前路无知己，
天下谁人不识君？

赏析

这首诗是唐代诗人高适所作，高适是著名的边塞诗人，他年少时孤贫，爱交游，有游侠之风。他的诗句直抒胸臆，气度豪迈，雄浑悲壮，又不乏优美动人之处。这首《别董大》堪称送别诗的典范之作。此诗描写诗人与好友董庭兰短暂相聚又告别彼此各奔他方的情景。赠别的语言毫无哀怨之气，而是充满真诚、信心和力量，质朴豪爽，胸襟开阔，给朋友以鼓励和安慰。

赠花卿

唐 杜甫

锦城丝管日纷纷，
半入江风半入云。
此曲只应天上有，
人间能得几回闻？

赏析

杜甫是唐代伟大的现实主义诗人，他的诗歌影响深远，被称为“诗史”，杜甫被尊称为“诗圣”。此诗是杜甫某日到成都花卿府上，听到悠扬的乐曲，有感于音乐之美而写下的。前两句化无形的乐曲为有形的意象，后两句突出曲子美得出奇。表面上看，这只是一首赞美乐曲的诗，实际上是暗讽花卿居功自傲，目无朝廷，僭用天子的音乐。

欣赏画册

年 月 日 心情

名画鉴赏可以让孕妈妈接触到各种色彩和画面，丰富自己和胎宝宝对美的体验。有条件去美术馆看画展的孕妈妈无疑将会给胎宝宝以良好的美术胎教，如果居住区附近没有美术馆，孕妈妈可以借助画册来进行美术胎教。

孕妈妈要选择一本自己喜欢的画册，以色彩丰富、富于幻想、内容健康愉快、情节独特、能唤起孕妈妈的无限想象为宜。胎宝宝可以从孕妈妈的畅想中受到一定的影响，从而促进其大脑发育。

此外，孕妈妈在学生时代学习过的或平时通过各种媒体所接触到的优秀作品也很适合在胎教中使用，因为这些作品往往会给孕妈妈亲切熟悉的感觉。

孕妈妈可以坐在宽大舒适的沙发上，展开画册，将所看到的景、物认真地描述给胎宝宝听。在给胎宝宝讲述画册内容前，可先跟胎宝宝打声招呼，告诉他语言胎教开始了，让他做好上课的准备。在描述的过程中，可大胆地发挥想象，将自己的想法用亲切的语言告诉胎宝宝。

幼儿画册思想健康、内容纯真，更加适合胎宝宝纯净的思想世界。

胎教经验分享

孕6月的胎宝宝听力已经很发达了，他对男性低沉的声音十分敏感。所以准爸爸在工作之余也可以和孕妈妈、胎宝宝一起来看画册、讲故事，胎宝宝希望受到更多关注，还可以编一个与胎宝宝有关的故事，让他也参与进来。如果故事的主人公是这个小家伙，他会更加积极主动地配合你。

成语填空

年 月 日 心情

今天孕妈妈来做成语填空题吧，将填出的内容与相应的生肖图连线，还可以把涉及到的成语知识和十二生肖知识都讲给胎宝宝听呢。

投____忌器

九____一毛

____背熊腰

动如脱____

____马精神

画____添足

____到成功

____肠小道

沐____而冠

闻____起舞

鸡飞____跳

____狗不如

答案 鼠、牛、虎、兔、龙、蛇、马、羊、猴、鸡、狗、猪

趣味指印画：金鱼

____年____月____日　　心情____________________

指印画可以加强孕妈妈的手部锻炼，促进手指和大脑的灵活度，还能提高审美意识和创造力。之前已经实践过了，今天就再来尝试一下吧！

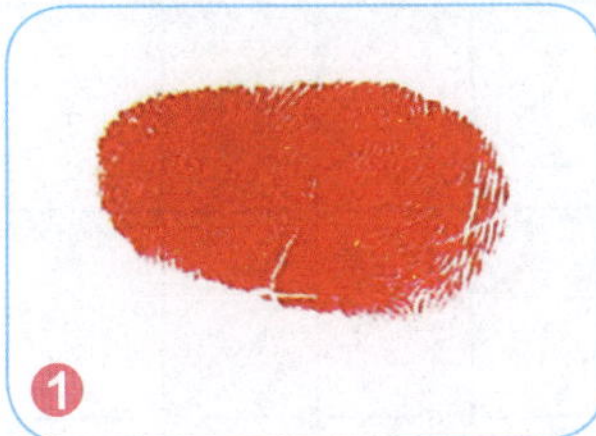

作画步骤

1. 先用大拇指压印。
2. 再用小指尖点印。
3. 最后在指印上添笔画。

请孕妈妈在此框中作画

考眼力，画图形

____年____月____日　　心情____________

孕妈妈来考考自己的眼力吧。观察第一幅图中都有哪些颜色和形状的图形，它们处在什么位置？然后在第二幅图的空格里画上相同的图形。

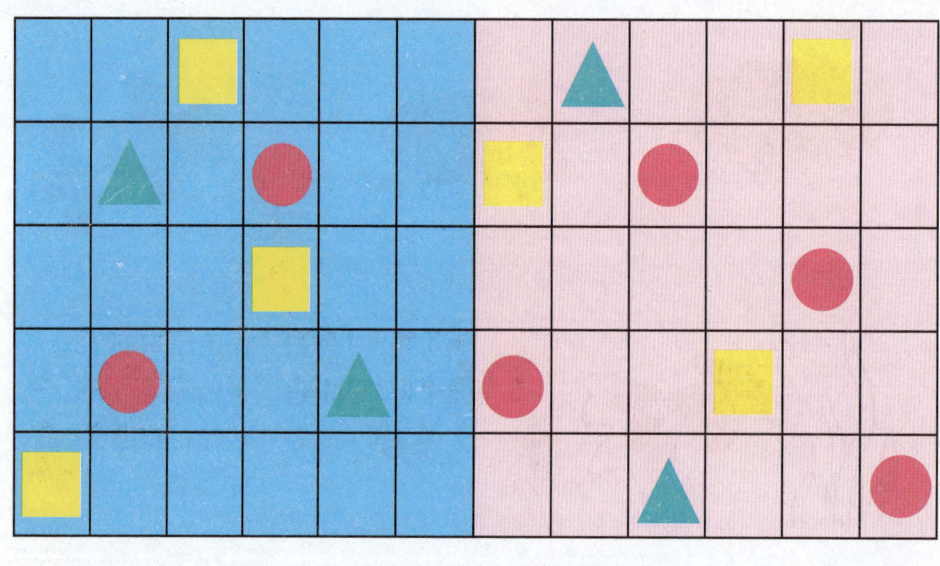

孕中期夫妻运动操

年 月 日 心情

通过这套夫妻运动操的练习，既可以增进夫妻感情，又可以通过孕妈妈和准爸爸的热量交换，起到促进血液循环、调节内分泌和放松身心的作用。

运动方法

1. 准爸爸和孕妈妈面对面端坐，双方均右腿伸直、左腿弯曲，双手掌心相对（图①）。
2. 准爸爸用左手轻轻地将孕妈妈的右手向后推，一直推至孕妈妈的胸前（图②）。
3. 孕妈妈用右手轻轻地将准爸爸的左手推回至准爸爸的胸前。同时，准爸爸用右手轻轻地推动孕妈妈的左手。如此反复操作即可（图③）。
4. 准爸爸和孕妈妈面对面端坐，准爸爸将双腿伸直，并略微分开，孕妈妈将双腿放在准爸爸的双腿上，两手掌心相对。双方面带微笑凝视着对方的双眼，感受着两人热量正通过手掌和双眼进行传递和融合（图④）。
5. 孕妈妈端坐一会儿后，如果感觉疲乏，可以顺势躺在准爸爸怀里，好好地放松放松（图⑤）。

1

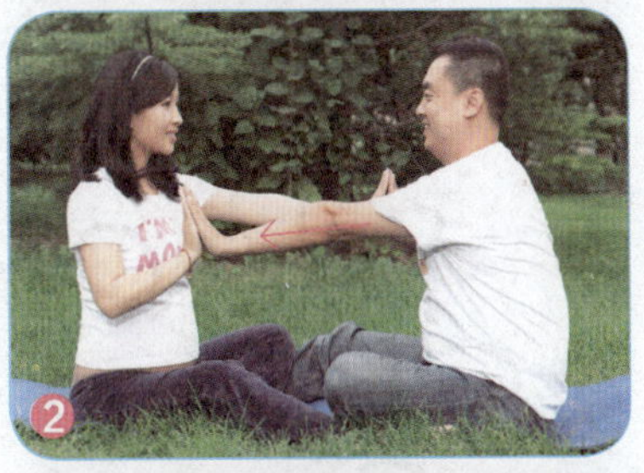
2

3

4

5

为图画填颜色（四）

年 月 日 心情

孕妈妈可以根据自己的喜好选择合适的颜色，拿起画笔，为下面的图画填上颜色。还可以一边涂色一边给胎宝宝讲解图画的内容和色彩的特点，相信胎宝宝也一定会兴趣十足。

淳朴天真的小树袋熊要把这么美丽的小花送给谁呢？是送给孕妈妈子宫里的小宝贝吗？

逻辑思维游戏（一）

年 月 日 心情

逻辑思维游戏可以帮助孕妈妈锻炼逻辑思维能力，进而提高思考、学习能力。游戏规则是找出下列每组图形的变化规律，把最后的图形补充完整。

第一组

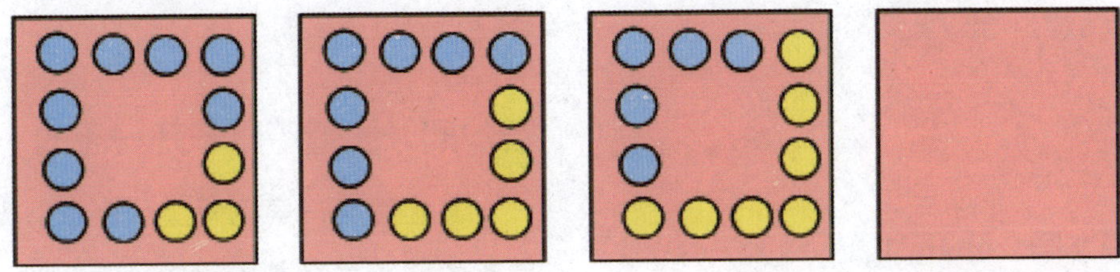

第二组

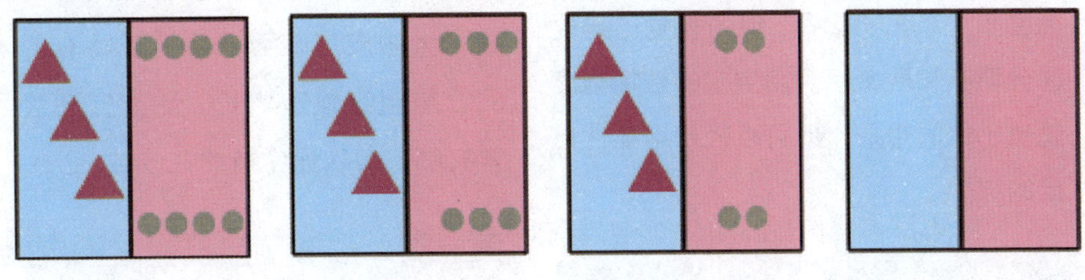

第三组

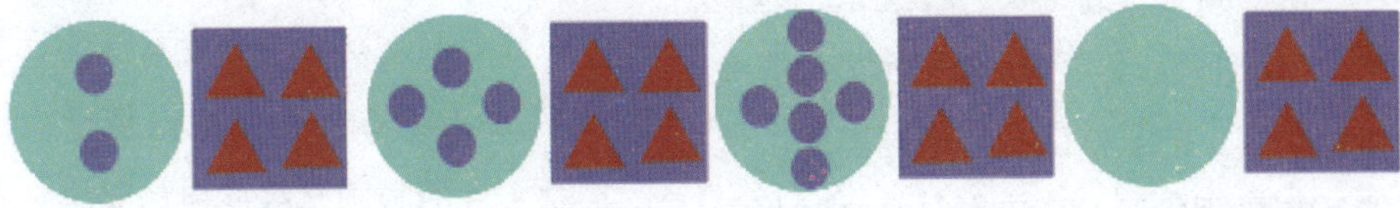

答案

第一组

第二组

第三组

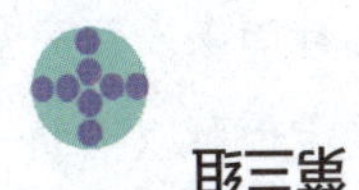

小家伙开始睁开眼睛了

小宝贝越来越不安分了。爸爸喜欢伏在我的肚皮上跟你说话，你一动他就高兴地笑起来。这几天在看我们小时候的照片，一直在猜想你的模样是像爸爸多一些还是像妈妈多一些。我希望宝宝眼睛像妈妈，身高像爸爸，哈哈。

 25~28周宝宝成长周历

第25周：睁开眼睛捕捉第一缕光线

本周，胎宝宝在妈妈的子宫中已经占据了相当多的空间。胎宝宝也许在这周会第1次睁开眼睛，他的视觉已经能区分明亮和昏暗了。胎宝宝的敏捷程度超出了你的想象，他可以轻松地抓住自己的脚。

第26周：能够对妈妈的抚摸做出反应了

这周胎宝宝的身长为25厘米，体重约为1000克。为了支撑不断发育的身体，胎宝宝的脊椎变得越来越坚固。他的10根手指已经发育成形。通过对胎宝宝脑部活动的研究显示，胎宝宝能够对外界的触摸和声响作出反应。如果准爸爸将头贴近孕妈妈腹部，能听到胎宝宝的心跳。

第27周：眼睛可以一开一闭的

随着最后一层视网膜的形成，胎宝宝的眼睛发育基本完成了。此时，很多胎宝宝的眼睛已经可以睁开，眼睑的张开和闭合会促进眨眼反射的形成。大脑皮层表面开始出现特有的沟回，脑组织快速增长。胎宝宝还会经常打嗝，每次通常持续几分钟。

第28周：形成了自己的睡眠周期

这时胎宝宝体重已达到1300克，顶臀长约为27厘米。胎宝宝的大脑活动在这个时候非常活跃。一些专家认为，胎宝宝从28周左右开始就会做梦了。此时，胎宝宝的眼睛已经能自如闭合，而且形成了自己的睡眠周期。尽管胎宝宝的肺叶尚未发育完全，但是如果早产，胎宝宝也可以借助一些医疗设备的帮助下进行呼吸。

这一时期的胎教重点任务

运动胎教

胎宝宝的活动越来越频繁了，对外界的刺激也越来越敏感，孕妈妈要多和胎宝宝进行交流。用手轻轻按摩腹部是和胎宝宝进行交流的一个主要方式，另外，按摩腹部还可以增加腹部皮肤的弹性，减少妊娠纹。

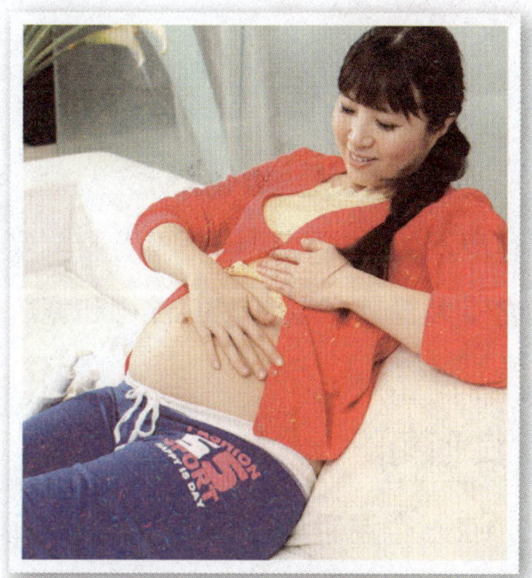

推荐运动　腹部按摩保健操 

语言胎教

胎宝宝的听觉系统逐渐发育完全，对外界声音刺激的反应也更为敏感。孕妈妈可以继续给胎宝宝讲童话故事，念古诗词或唱几首儿歌。

准爸爸也要参与进来，可以给胎宝宝讲一讲百科知识，或者出一些有趣又促进大脑活动的谜语题让妻子猜猜看。

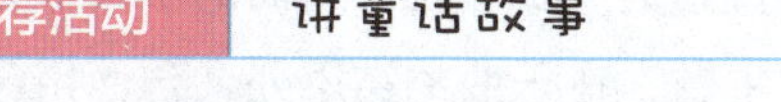

推荐活动　讲童话故事 

图形卡片胎教

孕妈妈可以利用图形卡片来进行数字、字母和汉字的知识胎教。通过卡片上的形象和孕妈妈的讲解，将这些知识传递给胎宝宝，反复坚持下去，就会给胎宝宝以一定的刺激，取得有益的效果。

推荐活动　闪光卡片学知识 

名曲欣赏：《爱的致意》

年 月 日 心情

据国外的胎教专家研究发现，胎宝宝对外部低频的声音最为敏感，所以声音醇厚的大提琴很容易吸引胎宝宝的注意力。爱尔加的这首《爱的致意》，蕴含了大提琴温暖真诚的音符和宽广的音域，非常适合作为胎教音乐。

欣赏时间

在一个温暖的午后，孕妈妈可以趁休息的时候开启这段音乐，伴随着大提琴与吉他完美和谐的演奏，回忆一些爱意融融的画面。

欣赏指导

这首《爱的致意》全曲历时约2.5分钟，由三段组成。第一部分热情激昂、欢快无比，大提琴一改以往抒情、缓慢的风格，将深藏的爱意通通抒发出来，让人感觉全身被爱包围着，非常温暖。吉他的分解和弦也恰到好处，将大提琴柔美的音色衬托得更加美妙，它们就像是一唱一和的两位恋人，亲密无间，互相弥补。

第一部分一共历时20秒钟，在这短短的时间内，能让孕妈妈浮想联翩，为之动情。

中间部分，乐曲将整体的速度降了下来，音乐转入一个新的调性后又回到原调。因大提琴深情款款的演奏，使爱的情感得到进一步深化。乐曲的第三部分，大提琴和吉他的演奏变化再现了第一部分的主题，在乐曲的结尾处，吉他用泛音又一次演奏出爱的主题，似乎是对爱的呼应。

关于这首曲子

《爱的致意》由英国浪漫派作曲家爱尔加在1888年为钢琴独奏而写，后来被改编成多种器乐独奏版本。今天，我们为孕妈妈推荐的是由音乐家王建与吉他演奏家戈兰•索谢尔共同演奏的版本。他们二人的完美结合使这首乐曲更加人性化、更为动人心魄，可谓是珠联璧合。据王健自己说，他母亲在怀他的时候，父亲每天放著名大提琴家罗斯特罗波维奇的大提琴曲，这种潜移默化的感受，使他从小就对音乐有很好的悟性。

闪光卡片：教胎宝宝认字母（二）

年　月　日　心情

今天孕妈妈接着来教胎宝宝学字母吧。在学习开始前，应把呼吸调整顺畅，然后把要教胎宝宝的内容在头脑中描绘出来。为了让胎宝宝与教学同步，在教学之前，最好先给胎宝宝一个信号，如抚摸着肚子说“乖宝宝，我们开始认识字母了”等。

腹部按摩保健操

年 月 日 心情

孕7个月，是胎宝宝胎动比较频繁的时候，此时对孕妈妈的腹部进行按摩，可以增进与胎宝宝的交流，还有助于促进腹部皮肤的血液循环，增加皮肤弹性，缓解妊娠纹。

运动方法

1. 准爸爸坐在孕妈妈身后，双手掌轻轻按摩孕妈妈肚子的上端（图①）。
2. 然后慢慢向左右两边画出一个心形，再从中间向上画回原位。动作要轻柔，5~10次为1组（图②）。

注意事项

1.由于孕妈妈肚子很大，所以做这套保健操时应该选择孕妈妈感觉最舒服的姿势和位置来进行。

2.帮胎宝宝做体操应该定时，比较理想的时间是在傍晚胎动频繁时，也可以在夜晚10点左右。不可太晚，以免胎宝宝兴奋起来，手舞足蹈，使孕妈妈久久不能入睡。

3.每次的时间也不可过长，5~10分钟为宜。有早期宫缩者不宜采用这种办法。

拍一组“孕味十足”的完美靓照

年　月　日　心情

孕妈妈现在应该已经拥有了完美的D型身材，你是否想过要留下一组“孕味十足”的靓照呢？赶快行动起来吧。

坐姿拍出好照片

◎孕妈妈先将一只手轻松地放在椅子扶手上，注意手臂不要僵持。

◎然后双脚呈一前一后的姿势摆放。

◎腰部挺直，尽可能凸显出腹部的线条。

◎最后转头45°，面对镜头微笑。

按照这样的动作拍照能够充分地体现出孕妈妈的气质和孕期体型。

站立拍照的小技巧

◎面对镜头时，尽量不要正面对着镜头，否则会给人僵硬的感觉。身体微微倾斜，可以让腹部的线条更好地表现出来。

◎如果孕妈妈腹部比较大，可以借用一些道具来进行遮掩，例如，准爸爸可以捕捉孕妈妈开门出来的一瞬间，孕妈妈的身体被门半遮半掩的感觉，这样能够显得孕妈妈的身体更加匀称一些。

◎如果孕妈妈想拍全身照，建议孕妈妈穿上坡跟鞋，这样能够令身材显得修长一些。

◎不要只拍上半身，否则容易给人留下下半身肥胖的感觉。取景时取七分，除了能拍出腹部的完美线条，还能够让孕妈妈看起来修长一些。

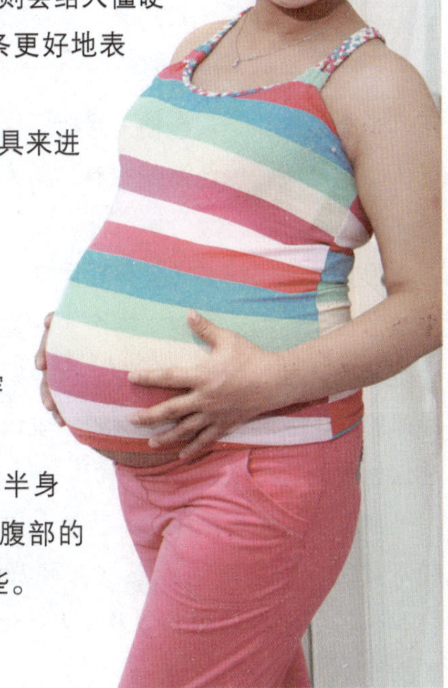

带领胎宝宝进入色彩世界

年 月 日 心情

色彩不仅仅是对视觉的外在刺激，不同的颜色对人的大脑和心理会产生不同的影响，因此，精神上感到舒畅或是沉闷，都与色彩的视觉感受有直接关系。今天孕妈妈带领胎宝宝进入色彩的世界，让胎宝宝借助孕妈妈的双眼来感受美丽与愉悦吧。

不舒服的色彩如同噪声一样，容易使孕妈妈感到烦躁不安，而协调悦目的色彩则是一种美的享受。因而孕妈妈所在的环境，色彩布置得要尽量协调，这对身体和情绪也十分有益，还能使胎宝宝感到安静舒适。

给宝宝布置漂亮的婴儿房时，需要考虑色彩的搭配。

不同的色彩会带给人不同感受，例如，红色使人激动、兴奋，斗志昂扬；黄色给人明快灿烂的感觉，使人感到温暖；绿色清新宁静，给人以希望；蓝色凉爽；白色干净；粉红、嫩绿使人充满活力等。

因此，孕妈妈在布置孕期居室，选购日常生活用品以及居家旅行时要有意识地注意这个问题。可以根据个人的喜好，在日常生活中接触不同的色彩，来调整心理状态，培养胎宝宝的性格。孕妈妈还可以借助日常生活中带有不同色彩的物品来给胎宝宝进行胎教。例如，孕妈妈可以借助描述花朵的颜色，来向胎宝宝描述这种颜色的特点。

建议孕妈妈接触绿色、蓝色、白色等冷色调，这些颜色有利于情绪稳定；淡粉、黄色、橙色等让人感觉温馨舒适的暖色也比较适合孕妈妈。不宜接触黑色、灰色等压抑的色彩以及让人产生烦躁不安情绪的红色，以免影响胎宝宝的生长发育。

为图画填颜色（五）

年　　月　　日　　心情

小兔子既可爱又机灵，“小兔儿乖乖，把门儿开开……”这首歌孕妈妈一定不陌生，把它唱给胎宝宝听吧，还可以一边唱一边做填颜色的游戏。

兔宝宝一定是因为贪玩找不到妈妈了。别担心，妈妈会来接你回家的。

趣味数独小游戏（五）

年　月　日　心情

相信每位孕妈妈都希望自己的宝宝是个好动脑爱学习的孩子吧？那么孕妈妈就要以身作则，不妨做做以下趣味数独吧，用自己的行动来潜移默化地影响他。加油！

题目❶ 难度系数2　用时____分钟

	8	4				1		
				5				3
3			9					
	2	5					1	9
						4	7	
		6		4				
6					8		9	7
			2				4	
	7	3						2

答案❶

9	8	4	7	3	2	1	5	6
2	6	7	1	5	4	9	8	3
3	5	1	9	8	6	7	2	4
4	2	5	8	7	3	6	1	9
8	3	9	6	2	1	4	7	5
7	1	6	5	4	9	2	3	8
6	4	2	3	1	8	5	9	7
5	9	8	2	6	7	3	4	1
1	7	3	4	9	5	8	6	2

题目❷ 难度系数2　用时____分钟

					8	1	9	
		2					5	
			5		1	7		
		7	4		6	5	8	
		8						
			7			2		
	7				5			
	1	4	3	6	2			
2				9		8		

答案❷

7	3	5	6	2	8	1	9	4
1	6	2	9	7	4	3	5	8
4	8	9	5	3	1	7	6	2
3	2	7	4	1	6	5	8	9
6	9	8	2	5	3	4	1	7
5	4	1	7	8	9	2	3	6
9	7	3	8	4	5	6	2	1
8	1	4	3	6	2	9	7	5
2	5	6	1	9	7	8	4	3

闪光卡片：教胎宝宝认字母（三）

年 月 日 心情

今天孕妈妈来带着胎宝宝认识“m～r”这6个字母吧，学习的时候，孕妈妈可以先根据图片把要教给胎宝宝的内容在头脑中描绘出来。

逻辑思维游戏（二）

年 月 日 心情

今天的逻辑思维游戏增加了一些难度，聪明的孕妈妈来动动脑子吧，相信一定难不倒你。游戏规则依然是找出下列图形变化的规律，在四个备选答案中选出符合规律的图形填在空白的格子里。

备选答案

（答案在第170页）

应对缺铁性贫血的饮食

年 月 日 心情

缺铁性贫血是孕妈妈孕期最常见的病症之一。孕早期，该病的发生率大约为10%，到了孕中期，发生率可高达38%，而到了孕晚期，其发生率可能还会更高。

鸡汁金针菇炒木耳

材料 金针菇200克，水发黑木耳、银耳各100克，葱、姜各少许。

调料 鸡汤小半碗，盐、香油各适量。

做法

1. 将水发黑木耳和银耳洗净，切片；葱、姜去皮，洗净后均切成细丝；金针菇去根，洗净，切段。
2. 油锅烧热，放入葱丝、姜丝炒香，再放入黑木耳片、银耳片翻炒。炒至半熟，然后加入金针菇段、鸡汤、盐翻炒入味，最后淋上香油即可。

红枣茯苓粥

材料 大米1杯，红枣2颗，茯苓、鸡肉丝各适量。

调料 盐少许。

做法

1. 将大米洗净，浸泡30分钟；红枣放入水中浸泡，捞出后洗净，去核；茯苓洗净，备用。
2. 将大米连同泡米的水放入锅中，用大火烧开，再改小火熬煮成粥。
3. 然后再将红枣、茯苓以及鸡肉丝放入锅中一同熬煮。
4. 起锅前放入适量盐调味即可。

考眼力，数图形

年____月____日　心情____________

下面的这所小房子都是由几何图形构成的，孕妈妈来数一数，每一种图形究竟有几个，把数好的数字填到图形后面的横线上就可以了。通过这个小游戏可以锻炼孕妈妈的观察和辨识能力。

答案　长方形8、正方形4、三角形11、圆形3、半圆4、梯形4

折只漂亮的小帆船

年 月 日 心情

今天，孕妈妈来给胎宝宝折一只小帆船吧，祝愿胎宝宝在孕妈妈的子宫里一帆风顺，出生后能够像一只小帆船一样迎风远航，去追求自己的幸福和快乐。

准备材料

绿色的正方形纸一张。

制作步骤

1. 首先沿其中一条对角线对折（图①）。
2. 将下边的边角从两侧向上翻折（图②）。
3. 再将左侧对着自己的一面向后方对折（图③、图④）。
4. 将下方的小角窝上去（图⑤）。
5. 一艘漂亮的小帆船就折好了（图⑥）。

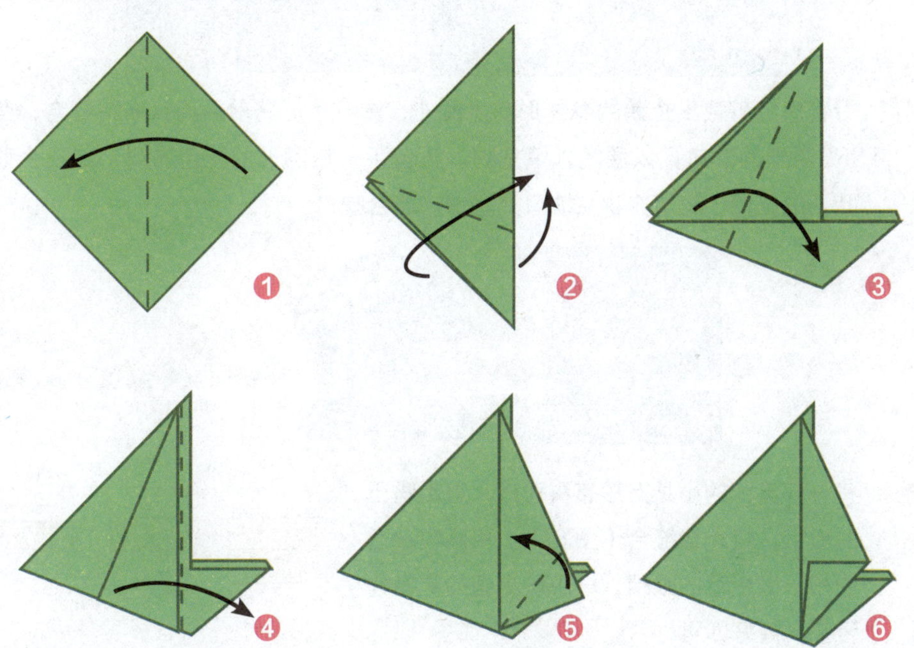

巧手DIY：自制卡通小企鹅

年 月 日 心情

可爱的企鹅自由自在地生活在寒冷的南极。它们可爱的模样是不是非常讨人喜欢？今天孕妈妈来动手试着做一只布偶企鹅送给胎宝宝吧。活泼可爱的胎宝宝一定会喜欢憨态可掬的企鹅宝宝，它们将来一定会成为好朋友的。

准备材料

毛绒布料、针、线、丝绵填充物、扣子。

制作步骤

1. 将布料对折两次（图①、图②），在布料上用虚线勾勒出企鹅半边的轮廓（图③）。

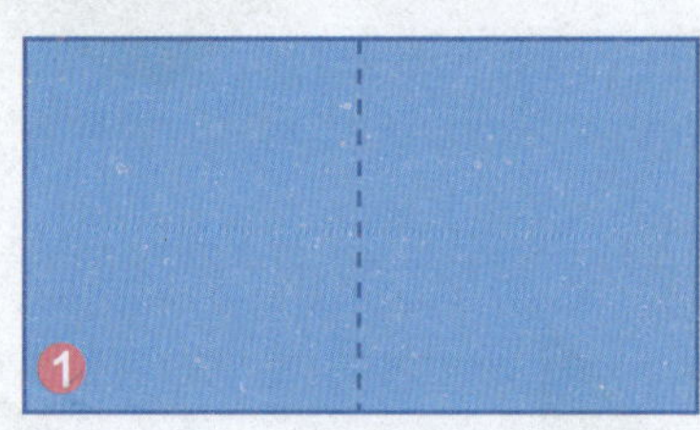
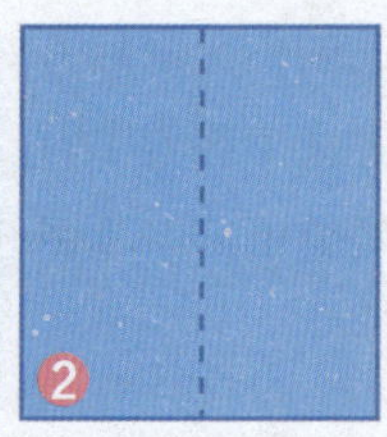

2. 沿着虚线剪裁出企鹅的身体形状（图④、图⑤）。将前后两片布料缝合，留下2厘米的缺口，以便塞入填充物。再剪下一块圆形的花色布料，缝在企鹅肚子的位置。将填充物从缺口处塞入，缝合缺口。

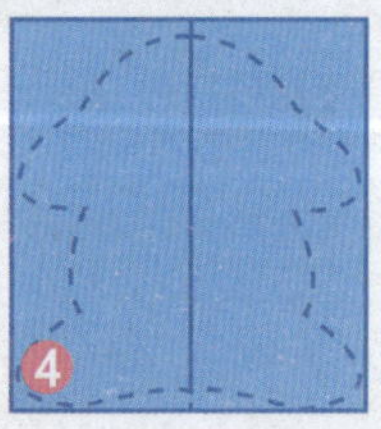

3. 将一块黄色的小长方形布料对折，剪出嘴巴的形状，将外缘缝合（图⑥）。用两粒白色的扣子做企鹅的眼睛，一小块半圆的红布作舌头，缝好即可。

猜谜语（一）

年　　月　　日　　心情

胎宝宝的大脑正在快速生长着，孕妈妈此时需要多带领胎宝宝一起动动脑。以下的动物谜语十分有趣，孕妈妈快来猜一猜是哪些小动物吧。

1.身上像缎子，披着黑袍子；说话挺着白肚子，走起路来摆架子。

2.耳朵肥大尾巴小，爱吃爱喝爱睡觉；浑身上下都是宝，还能天天造肥料。

3.头小颈长四脚短，硬壳壳里把身安；别看胆小又怕事，要论寿命大无边。

4.头戴红帽子，身披五彩衣；从来不唱戏，喜欢吊嗓子。

5.先修十字街，再修月花台；身子不用动，口粮自动来。

6.头顶两把刀，身穿黄皮袄；走路慢悠悠，耕地本领高。

7.驮着红盖子，长满黑点子；有甲不是龟，是条小虫子。

8.脚着暖花靴，口边出胡须；夜里当巡捕，日里把眼眯。

9.千里飞翔爱热闹，常在空中打唿哨；光送信来不送报，见谁都把姑姑叫。

10.有头没有颈，身上冷冰冰；有翅不能飞，无脚也能行。

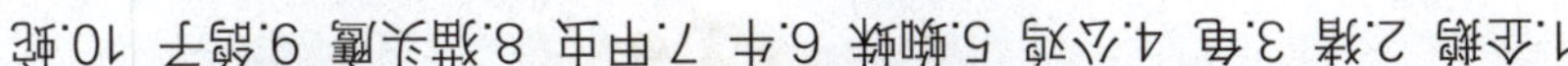
答案

1.企鹅 2.猪 3.龟 4.公鸡 5.蜘蛛 6.牛 7.甲虫 8.猫头鹰 9.鸽子 10.蛇

一些小动物玩偶也可以成为胎教时的辅助用具。

宋词欣赏：《水调歌头·明月几时有》

年　月　日　心情

唐宋八大家之一的苏轼，是宋代著名的大才子，他的词风平易流畅，豪迈达观，还擅长绘画和书法，在文学艺术方面堪称全才、奇才。今天，孕妈妈就来欣赏他的一首代表作品吧。

丙辰中秋欢饮达旦，大醉作此篇，兼怀子由。

明月几时有？把酒问青天。不知天上宫阙，今夕是何年。我欲乘风归去，又恐琼楼玉宇，高处不胜寒。起舞弄清影，何似在人间。

转朱阁，低绮户，照无眠。不应有恨，何事长向别时圆？人有悲欢离合，月有阴晴圆缺，此事古难全。但愿人长久，千里共婵娟。

赏析 从词序中看出，苏轼作此词是附带着怀念弟弟苏辙，但是人们从中读到更多的是苏轼对于人生的一种感受。只要孕妈妈认真地去读、去品味，便不难体会到这首词中的平和与美好。

这首词上阕一开始便打开想象的空间，前两句追问仿佛在与自然宇宙对话，似乎是质问，又充满了向往之情与探索的欲望。接下来“欲乘风归去”，似乎想要暂离现实，任由自己的思想自由徜徉、飞跃。但又想到“高处不胜寒”，还不如在人间，又回归到现实，安享现实生活的美妙。下阕的“无眠”，似乎暗藏心事，千古之月尚有不全的时候，何况是人呢？“人有悲欢离合”，生活哪能尽如人意？词人似乎在劝服和安慰自己。意识到人生本来如此，便也没有什么不能承受。所以最后一句归于平静而美好，表达了对俗世情感的珍爱与祝愿。走进词人广袤的想象空间，找寻自己，去感受瞬间与永恒相对照的无常景象，便会格外珍惜现在所拥有的情感。在宇宙万物的永恒之中，生命显得短暂而无常，我们能把握的只是当下的一瞬。所以把握住身边的幸福才是最重要的。孕妈妈是否有所领悟呢……

走迷宫

年 月 日 心情

看看下面的图，小宝宝要穿过迷宫才能拿到他的玩具小汽车，孕妈妈和胎宝宝快来帮帮忙吧！

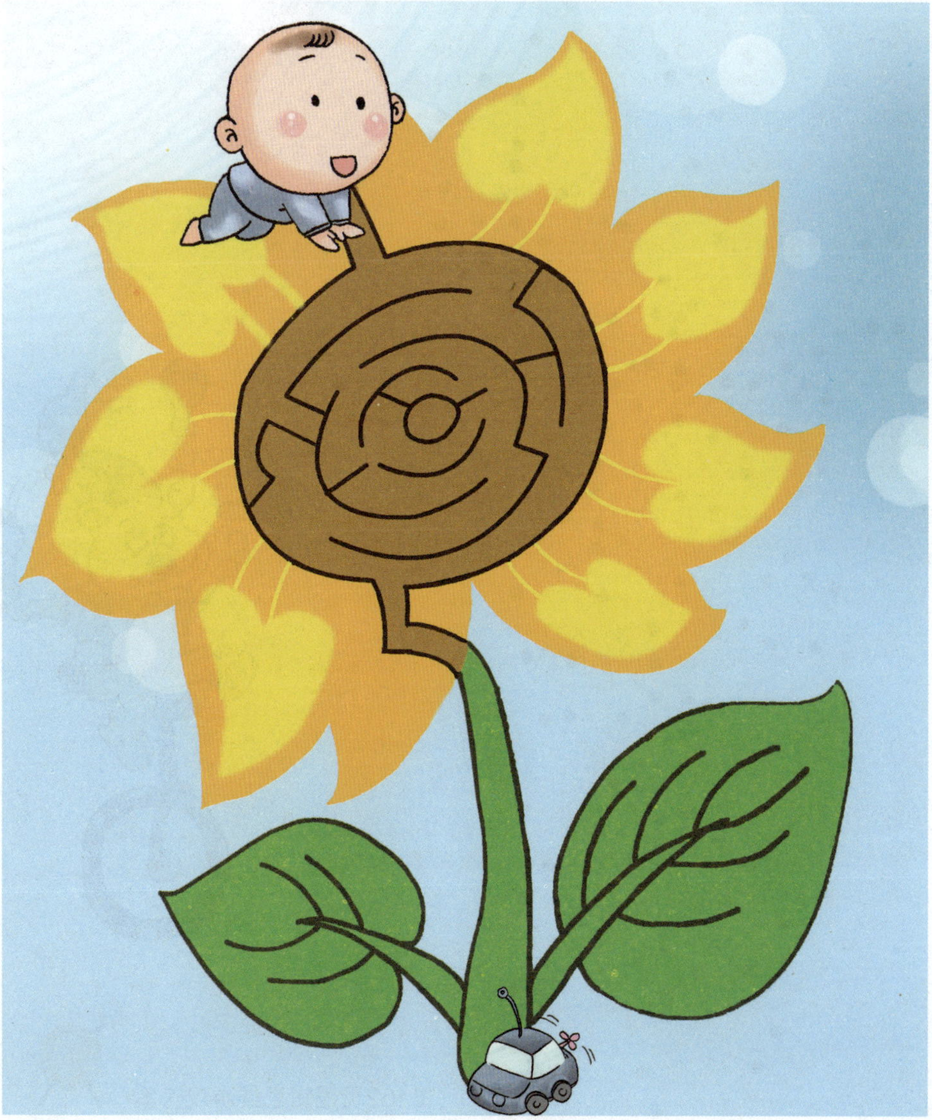

第187天

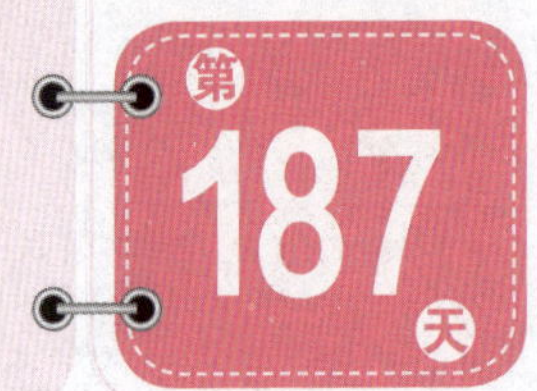

连连看（一）

年　月　日　心情

将下图中点与点连起来，能够连成一幅画，再为这幅画填上漂亮的颜色，一幅作品就完成了。把它送给胎宝宝吧。

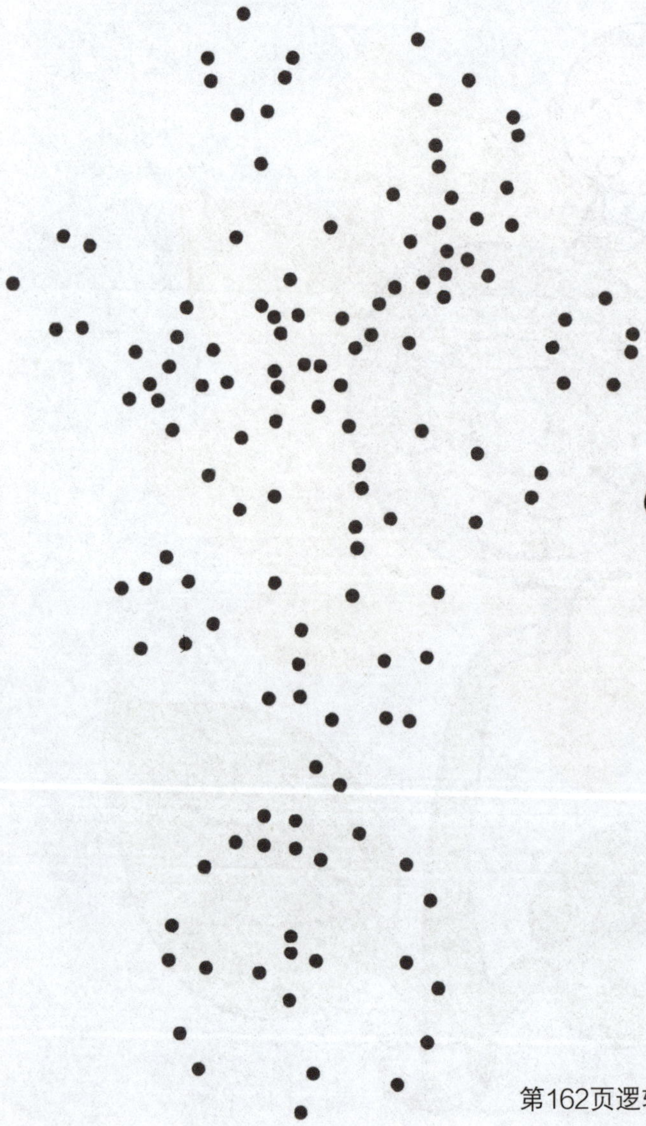

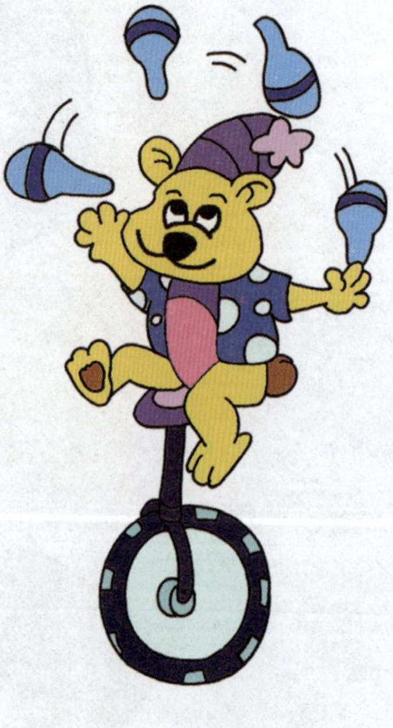

第162页逻辑思维游戏答案

给胎宝宝念儿歌（二）

年 月 日 心情

今天的语言胎教，就来教胎宝宝唱儿歌吧。孕妈妈可以一边唱一边在白纸上画简笔画，把儿歌中出现的意象都呈现在图画上，将图像和声音相结合，胎教效果会更好。

我和鹅

我是我，鹅是鹅，
我不是鹅，鹅不是我，
鹅肚饿，
我喂鹅，
我爱鹅，
鹅爱我。

上山打老虎

一二三四五，
上山打老虎，
老虎打不到，
打到小松鼠，
松鼠有几只，
让我数一数，
一二三四五，
五只小松鼠。

小珍姐姐种甜瓜

小珍姐姐种甜瓜，
种下甜瓜爱护它。
勤浇水，
勤上肥，
瓜蔓儿一直向前爬。
开朵小花金灿灿，
结了一个大甜瓜。
妹妹摘下咬一口，
哈哈！甜呀甜得咂嘴巴。

小黄狗找朋友

小黄狗，
找朋友，
说猪黑，
嫌熊丑，
兔子尾短耳朵长，
鸭子嘴扁又太脏，
哎哟哟，
挑呀挑，
一个朋友没找到。

蜘蛛姑娘

蜘蛛姑娘会纺线，
线儿长长把网编，
网飞虫，
网蚊蝇，
网个知了吃半年。

趣味指印画：小乌龟

年 月 日 心情

孕妈妈对指印画已经不陌生了，今天我们再来创作一幅以小乌龟为对象的指印画，相信心灵手巧的孕妈妈一定会表现得非常棒！

请孕妈妈在此框中作画

作画步骤

1.用拇指压出肚子

2.再叠压出龟壳

3.用小指点印出四肢、尾巴和头

4.用笔画出背部花纹、眼睛和嘴巴

坐姿转体操

年 月 日 心情

随着腹部越来越大，孕妈妈腰背部所承受的压力也越来越重。此时孕妈妈可以做转体操，以锻炼腰背部的肌肉。

运动方法

1. 孕妈妈坐在椅子上，双手自然放在两腿上，双脚自然放在地面上，脊柱挺直。呼气时，左手扶在肚子的右侧，右手扶在侧腰部，身体向右扭转（图①）。
2. 吸气，还原到起始位置，然后换另一侧继续练习（图②）。

运动功效

这套操可以强化腰背部肌肉，增加腰部的灵活度。

①

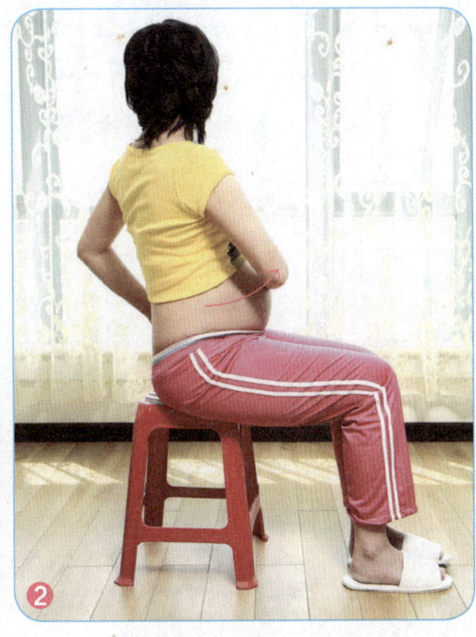
②

注意事项

扭转身体时不要过度用力，幅度不要太大，以自己感觉舒适为宜。

闪光卡片：教胎宝宝认数字（二）

年　　月　　日　　心情

今天，孕妈妈继续带着胎宝宝来认识数字吧。上次我们学习了“1～4”4个数字，今天我们来学习“5～9”。

孕妈妈拿出事先准备好的数字5～9的闪光卡片，或者直接对照下图来实施胎教。

孕妈妈找个舒适的地方坐下，保持愉快的心情，用手轻轻抚摸腹中的胎宝宝，用清晰的声音将数字念出来。还可以用形象的数字儿歌来帮助胎宝宝学习。

5

5像秤钩能称菜

6

6像哨子嘟嘟响

7

7像镰刀能割草

8

8像葫芦能装酒

9

9像勺子能盛汤

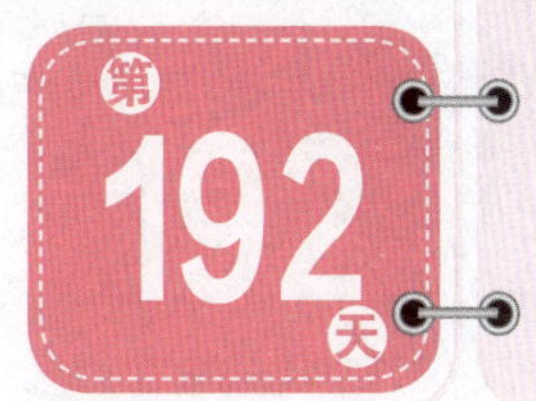

帮小熊找影子

____年____月____日　　心情________________

第192天

顽皮的小熊弄丢了自己的影子，没有影子的小熊在太阳底下一定会显得很奇怪。孕妈妈赶快帮小熊找到影子吧。

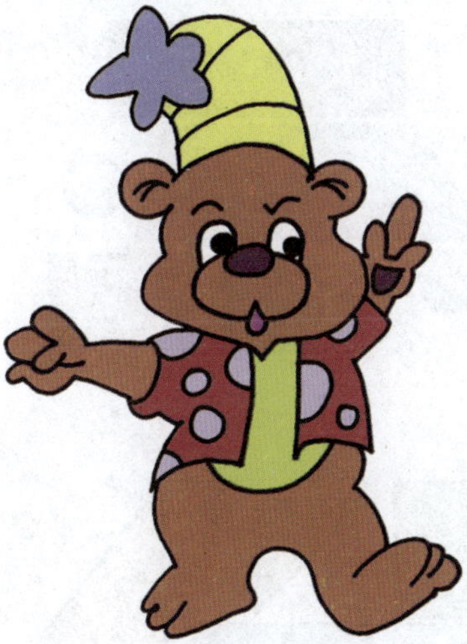

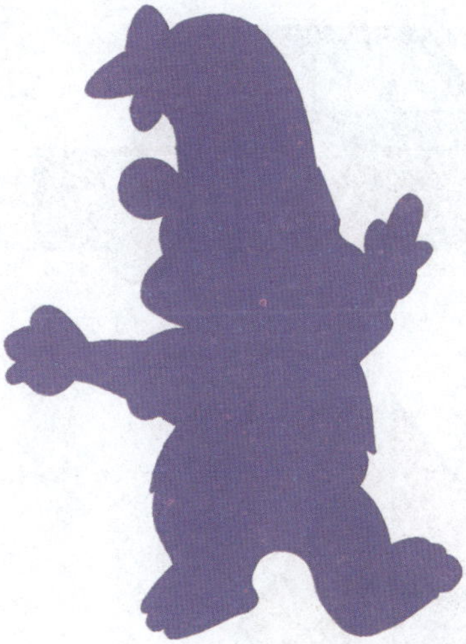

①

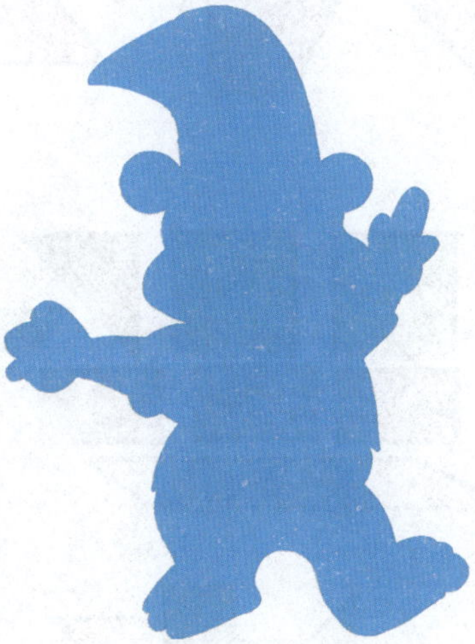

②

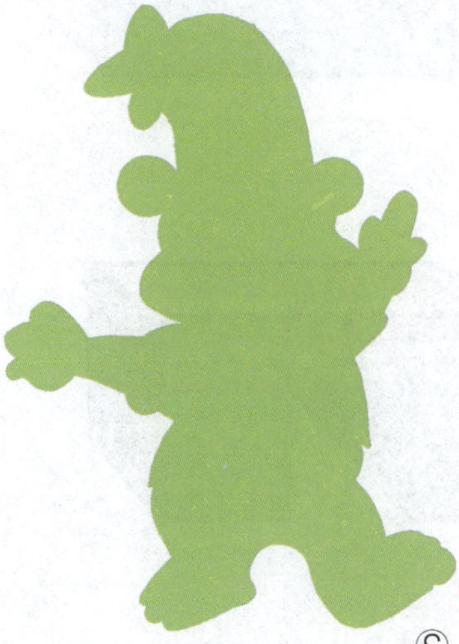

③

答案 ③

考眼力，分解图形

年 月 日 心情

下列左侧图形可以分解成好几个几何图形，分解后的图形（右侧）中，哪一个是多余出来的？请孕妈妈用慧眼将它识别出来吧。

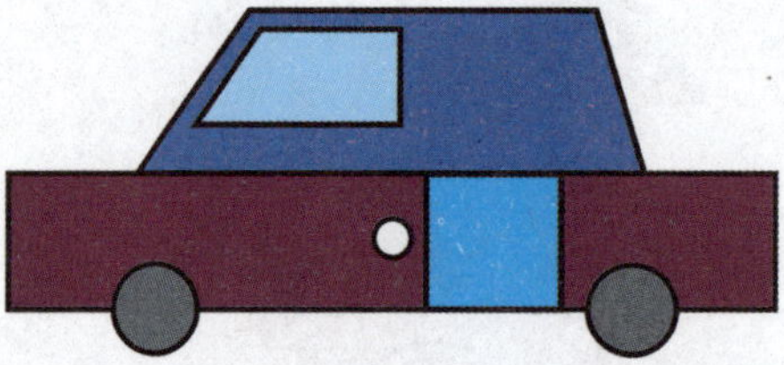

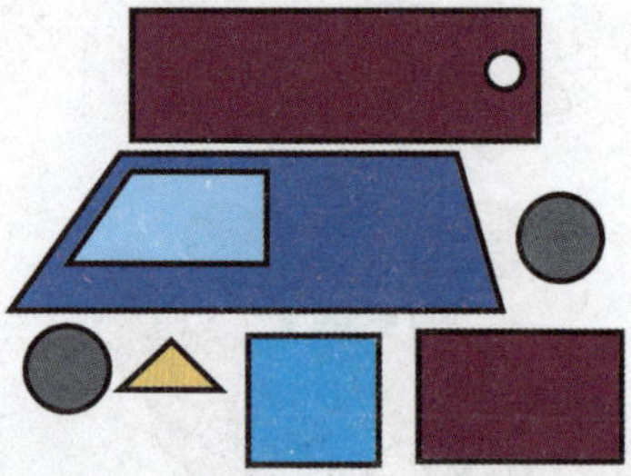

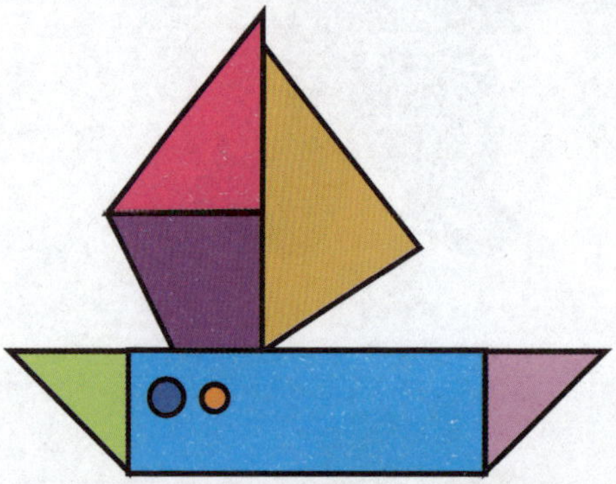

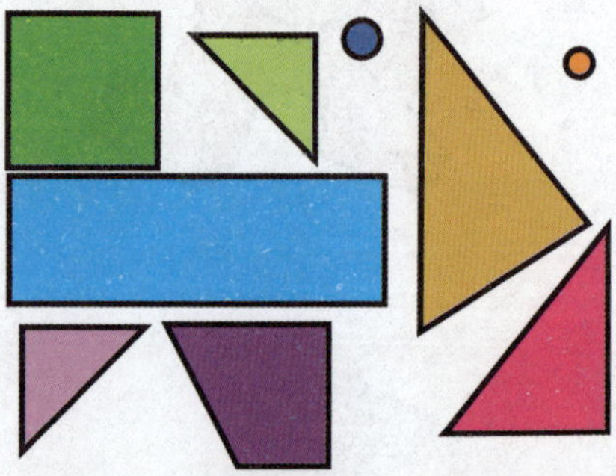

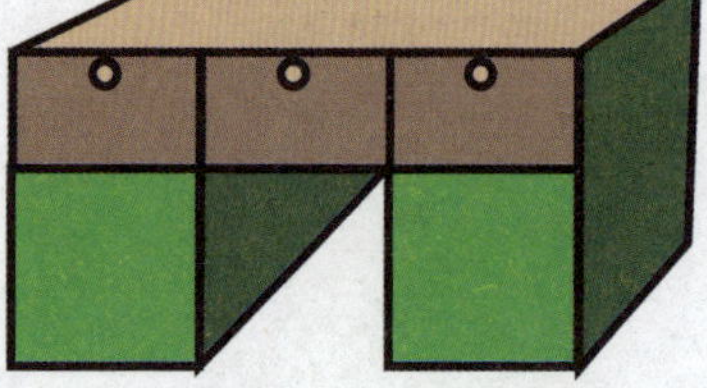

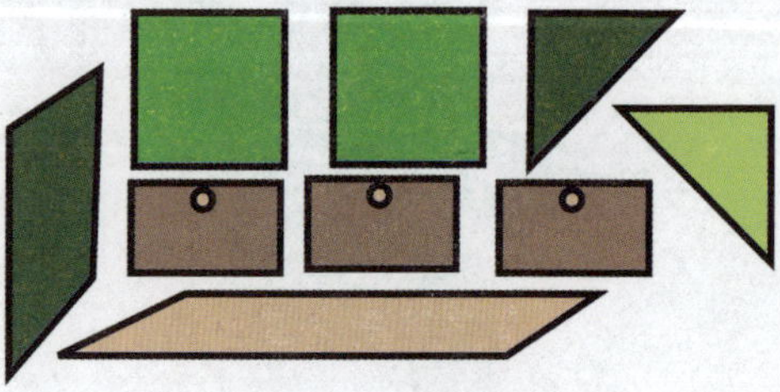

答案

童话故事：《榛树枝》

年　月　日　心情

《榛树枝》是格林童话中的一则故事，今天孕妈妈来给胎宝宝讲一讲这则童话吧，它简短有趣，更像是一个小小的百科故事。

一天下午，耶稣基督躺在摇篮里睡着了，他妈妈来到他身边，满怀喜悦地望着他，说："我的儿，你睡着了吗？好好睡吧，待会儿我去给你摘一把草莓来，我知道你醒来后，看见草莓准喜欢。"在外边的森林中，圣母玛利亚找到了一块地方，上面长满了令人兴奋的草莓。等她弯腰去摘时，突然从草丛中窜出来一条小蛇，把她给吓坏了，她丢下草莓，扭头就跑。那条小蛇在后面紧追不舍，圣母玛利亚急中生智，迅速地躲进了一丛榛树下，静静地站在那里，最后小蛇离去了。后来她又摘到了草莓，临回家前，她说："榛树这次保护了我，将来也会保护其他人的。"因此，从很久远的时候起，一根绿色的榛树枝就成了对付小蛇以及其他爬行的动物的最佳植物了。

关于格林童话　《格林童话》完成于19世纪初，是世界童话的经典之作。由德国著名语言学家雅格•格林和威廉•格林兄弟收集、整理、加工完成。格林兄弟经历相近，爱好相似，他们在一定程度上受浪漫主义文化思潮的影响。对民间文学发生兴趣后，他们开始广泛收集流传于德国民间、蕴含德意志民族特色的童话和故事，并在保持民间文学原有特色的基础上对其进行润色。格林兄弟以其丰富的想象、优美的语言给孩子们讲述了一个个神奇浪漫而又脍炙人口的童话故事。其中的代表作有《青蛙王子》、《灰姑娘》、《白雪公主》、《小红帽》等。

第195~196天

促进胎宝宝大脑发育的饮食

年　　月　　日　　心情

孕7月是胎宝宝脑部发育的重要时期，所以这个时期，孕妈妈应该多吃一些有补脑作用的饮食。准爸爸来下厨为胎宝宝做两道补脑餐吧。

哈密瓜炒虾仁

材料 哈密瓜150克，鲜虾仁80克，胡萝卜20克，青椒丁、姜片各10克。

调料 盐5克，白糖l克，水淀粉适量。

做法

1. 将哈密瓜、胡萝卜去皮，切丁。
2. 锅内倒油，烧至五成热时加入虾仁，炒至九成熟时倒出，备用。
3. 锅内留余油，加入姜片、青椒丁、胡萝卜丁、哈密瓜丁。用中火炒至八成熟时，倒入虾仁，再调入盐、白糖炒熟，最后用水淀粉勾芡即可。

红烧鲜菇鳕鱼

材料 鳕鱼4块，香菇8朵，平菇80克，滑子菇30克，姜、蒜各适量。

调料 盐、老抽、白糖、醋各适量。

做法

1. 将香菇泡发，去蒂，撕成小片；平菇、滑子菇洗净；鳕鱼洗净；姜洗净，切片；蒜去皮，切片，备用。
2. 锅置火上，倒油烧热，放入姜片、蒜片煸香。加入三种菇，翻炒至成熟，添入适量的清水。再加入老抽、白糖，放入鳕鱼块，烧至熟，最后加盐、醋调味即可装盘。

第三章

孕晚期：坚持下去，巩固胎教效果

获得完整的五感

最近感到有些辛苦，“养儿方知父母恩”，现在我充分体会到了这句话的含义。还有两个月的时间就要大功告成了，妈妈真想早点抱着你给爷爷、奶奶、姥姥、姥爷看看，但是我提醒自己不要心急，宝宝也不要急哦。

29～32周宝宝成长周历

第29周：伸伸胳膊踢踢腿

和过去相比，胎宝宝看上去胖了不少，这是因为他的皮下脂肪已初步形成。胎宝宝有了感觉和记忆功能。胎宝宝会想方设法地在子宫有限的空间里活动四肢，还会时常踢到妈妈的肚子。每天早上，孕妈妈都会感到10次以上的明显踢动。

第30周：变得更加圆润了

本周胎宝宝约重1700克，全身约长28厘米。胎宝宝的大脑神经系统已经相当发达，皮下脂肪继续增长，这使胎宝宝的皮肤不再那么皱巴巴的，身体更加圆润。同时，手指甲和脚趾甲还在继续生长。此外，胎宝宝的头部还在增大。几乎大多数胎宝宝在此期间都可以对声音有所反应。

第31周：眼睛开始追踪光源了

随着胎宝宝的快速生长，他的活动空间越来越小，胎动也变少了。胎宝宝的眼睑常在活跃时张开，而在睡觉时闭上。白天，胎宝宝大概已经能够看到子宫里的景象，也能辨别明暗，甚至能跟踪光源。但这并不意味着胎宝宝的眼睛一生下来就可以看清东西，宝宝刚生出来时最远只能看清距离自己20～30厘米处的人和物。

第32周：“倒立”为出生做准备

胎宝宝身体长大了许多，孕妈妈子宫内的空间已经快被占满了，没有多余的空间任胎宝宝进行幅度较大的活动，于是胎宝宝只好每天花90%～95%的时间来睡觉。作为出生前的准备，胎宝宝开始玩“倒立”了，也就是在子宫里呈现头朝下的姿势，小脚经常会向上踢到孕妈妈的肋骨。

这一时期的胎教重点任务

语言、抚摸胎教

胎宝宝对外界的感知能力越来越强，他对于孕妈妈的抚摸和声音都会有所反应。这说明他真的是一个具有独立思考能力的“小人儿”了。这时候，孕妈妈更需要坚持与胎宝宝进行交流，多抚摸胎宝宝，多和他说话，以促进胎宝宝思维能力的发育。

推荐活动 和胎宝宝聊天 

情绪胎教

进入孕晚期，孕妈妈依然要保持愉快和放松的心情。有的孕妈妈可能已经开始担心分娩的问题了，建议孕妈妈多给自己一些自信，要告诉自己，只要坚持良好的生活习惯，做好孕期保健和胎教工作，自己的宝宝就一定是健康聪慧的。选择做一些能够调节自己情绪的事情吧。

推荐活动 夫妻合奏 

美学胎教

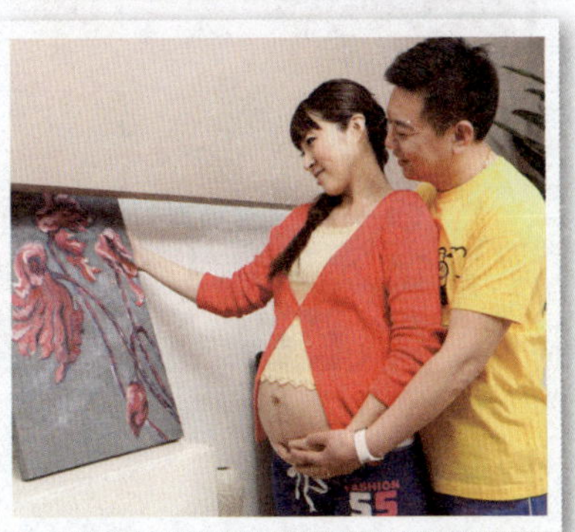

孕8月，胎教的素材可以更加丰富。加强美学胎教，可以帮助胎宝宝捕捉到美好的瞬间，增加幸福的体验。动手尝试有趣的指印画和欣赏精美绝伦的艺术作品，都是很好的美学胎教的方法。

推荐活动 欣赏艺术作品 

欣赏可爱宝宝照（第三波）

年　月　日　心情

展示宝宝可爱照的时间又到了！孕妈妈赶快来欣赏吧，看，他们的样子多可爱！

动动手，教胎宝宝折纸杯

年　月　日　心情

今天我们和孕妈妈一起来分享折纸杯的方法。孕妈妈可以借这个机会向胎宝宝介绍杯子等日常生活用品。

制作步骤

1. 首先准备一张正方形的纸（图①）。
2. 将正方形纸的对角折起（图②）。
3. 再将下方两个对角与虚线对齐向内折叠（图③）。
4. 将杯子上角的一层向前下方翻叠，另一层向后下方翻叠（图④）。
5. 将折好的杯子用手指撑起，使内部呈空心状（图⑤）。
6. 为了告诉胎宝宝这是喝水用的杯子，孕妈妈可适当往折叠好的杯中倒些水，以作为演示（图⑥）。

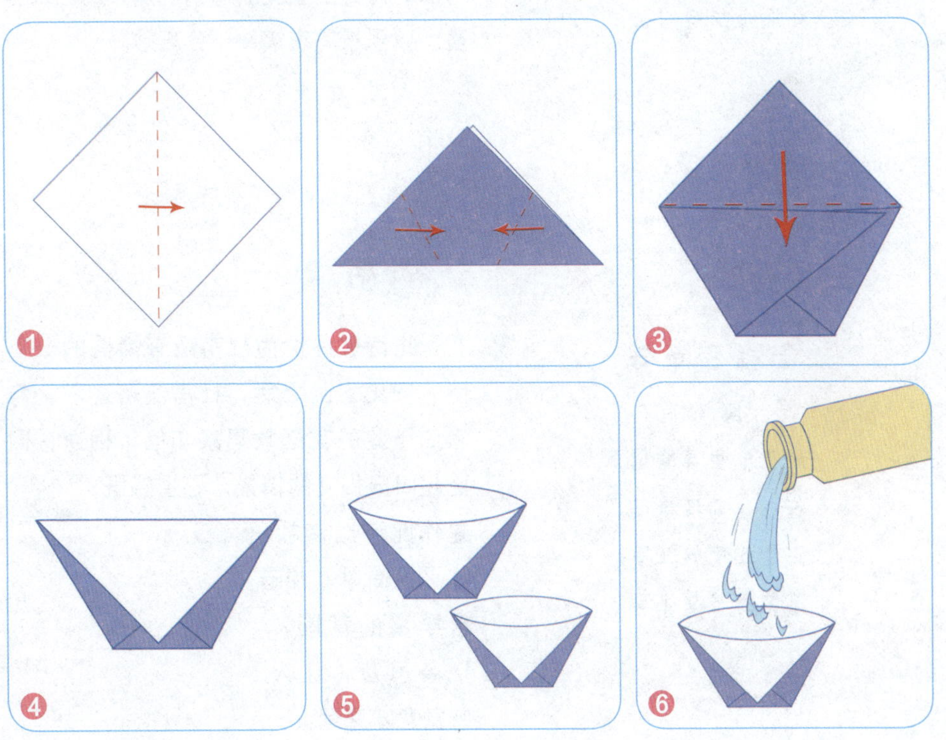

第199天

诗歌欣赏：《山房春事》《江南逢李龟年》

年 月 日 心情

岑参和杜甫是唐代著名的两位大诗人，今天孕妈妈来欣赏他们的两首诗歌作品吧。孕妈妈还可以将自己所了解的诗人的背景介绍给胎宝宝，让他收获更多的知识。

山房春事

唐 岑参

梁园日暮乱飞鸦，
极目萧条三两家。
庭树不知人去尽，
春来还发旧时花。

赏析

此诗是怀古之作，梁园是西汉梁孝王所建，他曾经在园中设宴，招待司马相如等一代才人。如今兴衰更替，园中景象一片落寞萧条。诗人内心感怀伤情，无心领略春光，却说庭树不知人事，兀自开放出与旧时无异的繁花。感情沉痛，出语却含蓄。以乐景写哀情，十分巧妙。

江南逢李龟年

唐 杜甫

岐王宅里寻常见，
崔九堂前几度闻。
正是江南好风景，
落花时节又逢君。

赏析

此诗被评价为杜甫最有情韵的一首诗。安史之乱之后，杜甫流落江南，与漂泊于此的宫廷歌唱家李龟年相逢，回忆起旧日相交的情景，心生感慨，遂作此诗。诗歌语言极其平易简单，却暗含丰富的背景，抚今思昔，让人感觉意味深远。

髋关节放松操

年 月 日 心情

离分娩越来越近，孕妈妈要开始锻炼肌肉的韧性和骨盆的扩张力了，以便为分娩做好准备。

运动步骤

1. 孕妈妈双腿下蹲，但应注意臀部不要着地。两手向前撑地支撑着身体，两脚脚尖向外，脚跟离地，双腿打开，屈膝蹲在瑜伽垫上，背部伸直，重心稍向前移。做的时候要注意保持身体的平衡（图①）。
2. 孕妈妈坐在垫子上，双腿张开，两手向后撑地，身体重心稍向后移。腿伸直，尽量大地打开。做这个动作要注意不要压迫腹部（图②）。
3. 屈膝收回两腿，两脚脚心相对坐在垫子上，两手握住脚踝，两个膝盖尽量下压。注意上身应该保持挺直的姿势（图③）。
4. 孕妈妈站立，两腿分开，双手叉腰，屈膝下蹲10～15次。动作要慢，以孕妈妈感觉不累为度（图④）。

运动功效

此保健操可以有效提高肌肉的柔韧性，扩张骨盆，有助于分娩。

注意事项

在做第4步时，准爸爸最好在身旁陪同。

童话故事：《三只熊》（一）

年 月 日 心情

《三只熊》是俄国作家列夫•托尔斯泰写的一个童话故事。这是怎样一个故事呢？孕妈妈快来给胎宝宝讲一讲吧。

树林里有一座小房子，这座小房子里住着三只熊。这一天，三只熊都不在家，到树林里散步去了。有一个小女孩，名字叫卷卷，她在树林里迷失方向了，她走啊走啊，就来到树林里的小房子前面。小房子的门开着。她往门里瞧瞧，屋里没人，她就进去了。小姑娘走进了吃饭的房间，看见桌子上有三碗粥。一个碗很大，是熊爸爸的；一个碗小一点，是熊妈妈的；还有一个碗是最小的，是小熊的。每个碗的旁边还有一把勺子：一把很大，一把小一点的，一把很小。卷卷拿起最大的勺子，吃最大碗里的粥；又拿起了小一点的勺子，吃小一点碗里的粥；最后又拿起小勺子，吃最小的碗里的粥。她觉得小熊那碗粥是最好吃的。

卷卷想坐下来，看见桌子旁边有三把椅子：一把很大，一把小一点，一把很小，还有个小坐垫。她要爬上大椅子，结果掉下来了；她爬上小一点的那把椅子，坐着又觉得不舒服；她就坐在小椅子上了，啊，真舒服！于是，她就捧着蓝色的小碗，吃啊吃啊，把粥吃了个精光，然后就在小椅子上，摇呀摇，哎呀，小椅子给摇破了，卷卷“啪”地一下，就摔到地上了。她爬起来，把小椅子扶起来，就到隔壁房间去了。这个房间里有三张床：一张很大，是熊爸爸的；一张小一点，是熊妈妈的；还有一张最小，是小熊的。卷卷躺到大床上，哎呀，太空了；躺到小一点的床上，又太高了；她躺到小床上，嘿，正合适，她啊，就在小床上，睡着了。

童话故事：《三只熊》（二）

这时候，三只熊回来了，他们的肚子都饿了，想吃饭。熊爸爸拿起他那个碗一看，用浑厚可怕的声音，不高兴地叫起来："谁动过我的碗？"

熊妈妈看看她那个碗，不那么响地也叫起来："谁动过我的碗？"

小熊看看他那个空小碗，也尖声尖气地叫起来："谁动过我的碗，把粥全给吃光了？"

熊爸爸看看他那把椅子，用可怕的声音哇哇地叫了起来："谁坐过我的椅子，把它动过了？"

熊妈妈看看她那把椅子，不那么响地叫了一句："谁坐过我的椅子，把它动过了？"

小熊看看他那把破了的小椅子，尖声尖气地叫起来："谁坐过我的椅子，把椅子坐坏了？"

三只熊又来到隔壁的房间。

熊爸爸用可怕的声音哇哇地叫了起来："谁睡过我的床，把我的被子都弄皱了？"

熊妈妈不那么响地叫了一句："谁睡过我的床，把被子都弄皱了？"

小熊在小床边放了一张小凳子，爬上了他那张小床，尖声尖气地叫了起来："谁睡过我的床？"

可他突然看见了小姑娘，大声地叫了起来："就是她！把她抓住！把她抓住，就是她！哎哟哟……把她抓住！把她抓住……！"小熊想扑上去抓住卷卷，卷卷一睁开眼睛，看见了三只熊，连忙向窗子扑过去。窗子本来是开着的，她跳出窗外逃走了，三只熊啊，到底还是没能追上她。

宋词欣赏：《蝶恋花》

年 月 日 心情

这首伤春之词情景交融，既有空灵之感，又富有理趣，既哀婉动人，又不乏乐观旷达的境界，孕妈妈仔细品鉴一番吧。

蝶恋花

宋 苏轼

花褪残红青杏小。
燕子飞时，
绿水人家绕。
枝上柳绵吹又少，
天涯何处无芳草！
墙里秋千墙外道。
墙外行人，
墙里佳人笑。
笑渐不闻声渐悄。
多情却被无情恼。

赏析 这首词是在感叹春光易逝，佳人难得，表现了诗人晚年漂泊零落之感和旷达之心。词的上阕描写杏花花朵所剩无几，枝头多了几颗青杏，带有几分伤感和失落。接着视角由近渐远地展开，飞动的燕子为画面增添了动态之美，绿水环绕人家的墙院，寥寥几笔便勾勒出春意未尽的乡村图景。枝上的柳绵随风远去，而青青芳草又自是一番境界。下阕写一道短墙将行人与佳人隔开，一个“情”字常被当成爱情来解释，其实行人更像是诗人的写照。诗人饱经沧桑，有惜春迟暮之情，有感怀身世之情，有思乡之情，有对年轻生命的向往之情，有报国之情，的确可谓是“有情”之人；而佳人年轻单纯、无忧无虑，真可以说是“无情”。那么“无情”之人究竟勾起了“有情”之人的何种思绪呢？诗人并未言明，孕妈妈可以自己体味。

名曲欣赏：《致爱丽丝》

年　月　日　心情

贝多芬是伟大的浪漫派音乐家，人们往往比较熟悉他的交响曲、协奏曲等大型作品，而他为数不多的器乐小品也给人留下了深刻的印象。

欣赏时间

这首曲子早晨和晚上都适合聆听，孕妈妈只要有兴致，就可以随时播放这首曲子和胎宝宝一起听。

欣赏指导

这首曲子纯朴而亲切地把特蕾泽温柔、美丽的形象作了概括的描绘。全曲似乎都隐藏着贝多芬对爱情的憧憬。全曲由五段组成。以单纯的回旋曲式作成，结构是A-B-A-C-A。所谓的回旋曲式，是指一种由一个主要主题，在曲中反复出现多次，像在旋转那样，可是在它反复出现之间，又穿插两段或三段副题的曲式。流露甜蜜憧憬的第一副题，或是看破尘世般音响沉郁的和声式第二副题，都相当悦耳动听。好似贝多芬有许多亲切的话语正向特蕾泽诉说。后半部分左右手交替演奏分解和弦，犹如二人亲切地交谈。乐曲在非常优美和温柔的气氛中结束。回旋曲主题在这首曲子里先后出现了十六次，因此，给人留下极为深刻的印象。

关于这首曲子

据说年近40岁的贝多芬教了一个名叫特蕾泽•玛尔法蒂的女学生，并对她产生了好感。在心情非常甜美、舒畅的情况下，他写了一首《A小调巴加泰勒》的小曲赠给她。“巴加泰勒”（bagatelle）意思是小玩意儿。贝多芬还在乐谱上题上了“献给特蕾泽”这样几个字。后来，这份乐谱一直留在特蕾泽那里。贝多芬逝世以后，在他的作品目录里也没有这支曲子。直到19世纪60年代，德国音乐家诺尔为写贝多芬传记，在特蕾泽•玛尔法蒂的遗物中，才发现了这首乐曲的手稿。1867年，在斯图加特出版这首曲子的乐谱时，诺尔把曲名错写成《致爱丽丝》。从此，人们反而忘记了《致特蕾泽》的原名，而称之为《致爱丽丝》了。

有趣的童言童语

年 月 日 心情

孕育孩子是很辛苦的事，但是想想孩子的天真可爱之处却能让爸爸妈妈倍感快乐。孕妈妈来读一读有趣的童言童语吧，它能让你忘掉生活中的烦恼。

1.爸爸教儿子量词："形容比较大的动物一般用'头'，比较瘦小的就要用'只'……"儿子马上说道："爸爸我知道了，我们家应该是一头爸爸，一只妈妈，对不对?"

2.野生动物保护协会的一个官员在向孩子们宣传保护动物的意义，为了加深孩子的印象，他问孩子们："我们不能任意捕食动物，那对我们没有好处，因为你吃了什么动物，来世就会变成什么样子，比如说，吃了蛇就会变成蛇，吃了熊掌就会变成狗熊。孩子们，现在你们知道该吃什么了吧?"孩子们异口同声地回答："吃人!"

3.一天爸爸给儿子讲故事。爸爸："在春秋时代……" 儿子："说清楚是春还是秋?"爸爸："有一个诸侯……"儿子："到底是猪还是猴啊?"爸爸："……"

4.小学历史课上，老师问同学们："谁知道地球围着什么转呀。"许多同学都举手了，老师叫小明回答，小明说："地球围着太阳转。"老师又叫几个同学回答，同学都和小明回答得一样。历史老师又问："那你们谁知道最早提出地球围着太阳转的人是谁?"同学们齐声说道："小明。"

5.一个小学生在讲故事："猫见了老鼠变成了老虎，但是见了老虎，又变成了老鼠……"有人问他，这个"但是"是什么意思?他想了想，答道："这是一种比猫大，而比老虎小的动物。"

6.语文课上老师问道："量词有时是不能随便省略的，否则就会产生截然不同的效果，哪位同学能举个例子?"小强马上抢答说："比如'他给我一支枪'，如果省略掉量词'支'，那我的命运就不一样了!"

趣味数独小游戏（六）

年　　月　　日　　心情

数独游戏时间到了，准备好纸和笔，让大脑和手指都活动起来吧！这次的难度加大了，所以更需要孕妈妈的智慧和耐心了哦。孕妈妈要沉下心来应对挑战，准爸爸不妨也来讨论一下解题技巧，给孕妈妈提供一些思路吧。

题目❶ 难度系数3　用时____分钟

	4	6			1			9
7	9		3	5		6		1
		5		9		3	2	4
				8		4		5
	3		2	1	5			
5	8	9					7	2
2			6		9	5	1	
1		8	5		2			
	5	3		4		2		7

答案❶

3	4	6	8	2	1	7	5	9
7	9	2	3	5	4	6	8	1
8	1	5	7	9	6	3	2	4
6	2	1	9	8	7	4	3	5
4	3	7	2	1	5	8	9	6
5	8	9	4	6	3	1	7	2
2	7	4	6	3	9	5	1	8
1	6	8	5	7	2	9	4	3
9	5	3	1	4	8	2	6	7

题目❷ 难度系数3　用时____分钟

		2	6	4		8		
6					1			7
4	7			9		1		6
5	3	7		6	2	9		4
	9		3	8				
8		1	7		9		6	2
1				7	3	6		
						2		5
	5	8	4	2	6	7		

答案❷

9	1	2	6	4	7	8	5	3
6	8	5	2	3	1	4	9	7
4	7	3	8	9	5	1	2	6
5	3	7	1	6	2	9	8	4
2	9	6	3	8	4	5	7	1
8	4	1	7	5	9	3	6	2
1	2	9	5	7	3	6	4	8
7	6	4	9	1	8	2	3	5
3	5	8	4	2	6	7	1	9

做做夫妻背对操

年 月 日 心情

准爸妈一起做保健操，除了可以一起锻炼身体外，还可以有针对性地缓解孕妈妈的腰背疼痛，对于增进夫妻感情更是大有益处，这也是胎教的一种方式。

运动步骤

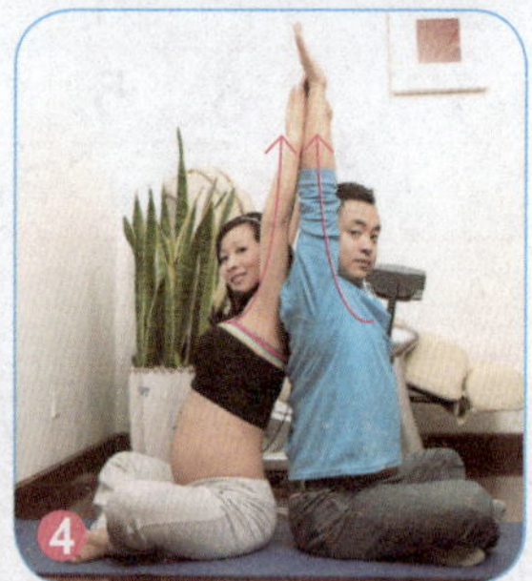

1. 夫妻两人首先背对背盘腿而坐，挺直腰背，自然呼吸（图①）。
2. 然后两人都双手握拳，曲肘，将双拳放于胸部两侧（图②）。
3. 松开拳头，深呼吸，夫妻两人同时向身体两侧伸展手臂，使手臂与肩同高，手背贴着手背，保持约2分钟（图③）。
4. 夫妻两人同时向上抬起手臂，孕妈妈的手臂要贴着准爸爸的手臂，保持约2分钟。还原，重复做5次（图④）。

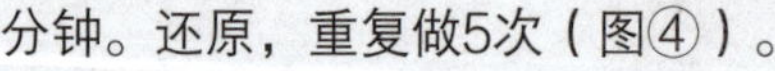

运动功效

经常做此操不仅有助于伸直腰背，缓解腰痛，还能锻炼骨盆底肌，有利于以后分娩，并且还能促进夫妻感情。

注意事项

虽然这套操没有特别的禁忌，但练习的时候应注意调整呼吸。

诗歌欣赏：《飞鸟集》节选（双语）

____年____月____日　　心情____________

《飞鸟集》这部杰出的诗集收录了泰戈尔创作的300多首清丽而又耐人寻味的小诗。孕妈妈可以带领胎宝宝一起品读这些隽永的诗句。

1.夏天的飞鸟，飞到我的窗前唱歌，又飞去了。秋天的黄叶，它们没有什么可唱，只叹息一声，飞落在那里。

Stray birds of summer come to my window to sing and fly away. And yellow leaves of autumn, which have no songs, flutter and fall there with a sign.

2.世界上的一队小小的漂泊者呀，请留下你们的足印在我的文字里。

A troupe of little vagrants of the world, leave your footprints in my words.

3.世界对着它的爱人把巨大的面具揭下。它变小如一首歌，如一个永恒之吻。

The world puts off its mask of vastness to its lover. It becomes small as one song, as one kiss of the eternal.

4.是大地的泪滴，使她的微笑保持着青春不谢。

It is the tears of the earth that keep her smiles in bloom.

5.无垠的沙漠热烈追求一叶绿草的爱，她摇摇头笑着飞走了。

The mighty desert is burning for the love of a blade of grass who shakes her head and laughs and flies away.

6.如果你因失去了太阳而流泪，那么你也将失去群星。

If you shed tears when you miss the sun, you also miss the stars.

7.跳着舞的流水呀，在你途中的泥沙，要求你的歌声，你的流动呢。你肯挟瘸足的泥沙而俱下吗?

The sands in your way beg for your song and your movement, dancing water. Will you carry the burden of their lameness?

8.有一次，我们梦见大家都是不相识的。我们醒了，却知道我们原是相亲相爱的。

Once we dreamt that we were strangers. We wake up to find that we were dear to each other.

趣味指印画：螃蟹

年　　月　　日　　心情

按下几个指印，一只活灵活现的小螃蟹就跃然纸上了，孕妈妈有兴趣的话可以画一个螃蟹家族，家里有一个螃蟹爸爸，一个螃蟹妈妈，一个小螃蟹宝宝，多有趣呀！快动手试试吧。

准备材料

水彩或水粉颜料、勾线笔、白纸。

作画步骤

1. 先用拇指压印出身体（图①）。
2. 用小指点印出眼睛（图②）。
3. 用食指压印出钳子（图③）。
4. 最后用硬笔画出腿及眼睛（图④）。

请孕妈妈在此框中作画

欣赏温馨亲子照（第三波）

年 月 日 心情

宝宝出生之后，爸爸妈妈还要陪伴宝宝成长，看着宝宝一天天长大懂事。这是一个漫长的过程，在这个过程中，很多快乐的点点滴滴值得回忆。今天的亲子照欣赏时间，孕妈妈来欣赏宝宝的成长照，并想象一下自己与宝宝快乐玩耍的情景吧。

连连看（二）

年　　月　　日　　心情

把黑点连接起来，再填上颜色，一只活泼可爱的小猴子就呈现在眼前了。孕妈妈快来试试吧。

小猴子是十分机灵的小动物，它们活泼好动的样子就像顽皮的小孩子。胎宝宝一定会非常喜欢小猴子。关于小猴子有不少有趣的儿歌，孕妈妈也来教胎宝宝念一首吧：

小猴子，叠罗汉，
一叠叠到云里面，
要问它想干什么，
摘些星星做项链。

闪光卡片：教胎宝宝认字母（四）

年 月 日 心情

今天我们继续教胎宝宝学习字母。在学习开始前，孕妈妈应把呼吸调整顺畅，然后把要教胎宝宝的内容在头脑中描绘出来吧。

s t

u v

w x

为宝宝准备可爱的衣服

年　月　日　心情

现在可以为小宝宝添置衣服了，买几件中意的可爱宝宝服，憧憬一下宝宝的可爱样子，是不是感到很快乐、很满足呢？如果是，那么，今天的胎教目的就达到了。

现在就开始准备宝宝装，颜色最好是选择男宝宝或女宝宝都能穿的颜色，以浅蓝、浅黄或浅绿为宜，可以给人清新明快的感觉。闲暇时，一边看着床头上方那张非常漂亮的宝宝画，一边整理着这些小巧可爱的漂亮宝宝服，再在脑海中想象一下自己的宝宝的可爱样子，是不是心中充满了对宝宝的爱，还有对将来的美好憧憬?

可爱宝宝时装秀

趣味指印画：狮子

年　　月　　日　　心情

前面孕妈妈已经练习做过一些指印画，应该比较熟练了，今天就来做一个稍微有点难度的。那么就让我们来做一头威武的大狮子吧。

准备材料

水彩或水粉颜料、勾线铅笔。

作画步骤

1. 首先用拇指压印出头，小指点印出耳朵（图①）。
2. 再用小指侧面轻印头部毛发；食指印出四肢和尾巴（图②）。
3. 最后用笔画出狮子身体、四肢和尾巴（图③）。

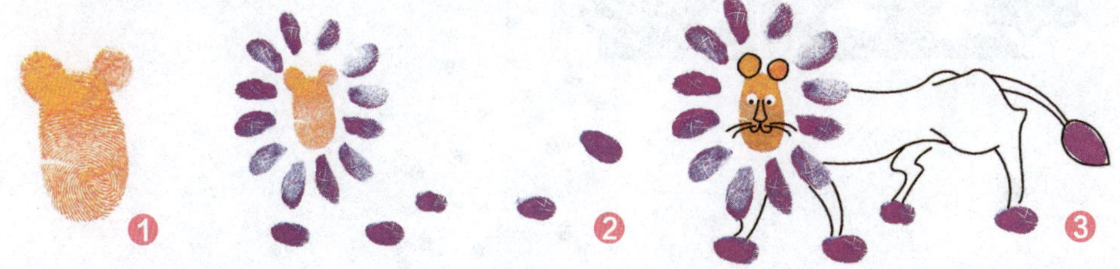

请孕妈妈在此框中作画

连连看（三）

年 月 日 心情

今天的连线图是美丽的花朵。孕妈妈赶快带着胎宝宝一起来做吧。记得为连好的图片涂上漂亮的颜色，还可以一边做一边给胎宝宝讲解这些花朵的姿态和形状。这样宝宝会更感兴趣。

幸福的女人像花儿一样。拥有准爸爸的爱和胎宝宝的依恋，孕妈妈的心中也充满了暖融融的爱意。在这爱意的映照下，孕妈妈是不是感觉到自己正像花儿一样美丽绽放呢？

逻辑思维游戏（三）

年　　月　　日　　心情

今天的胎教内容是思维游戏，比较简单，孕妈妈可以来试试，它可以锻炼你的逻辑思维能力，还可以帮你调节心情。胎宝宝此时还不会做这种游戏，但是他已经有了听力，所以孕妈妈可以把题目讲解给宝宝听。

1. 下面三个图形中哪个图形能一笔画成？

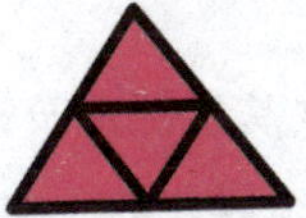

2. 假设一本书共200页，页码依次为1、2、3、4……200，想想看，数字“2”在页码中共出现了多少次？

3. 请在下图中的问号处填上适当的数字，使每个大三角中的数字之和相等。

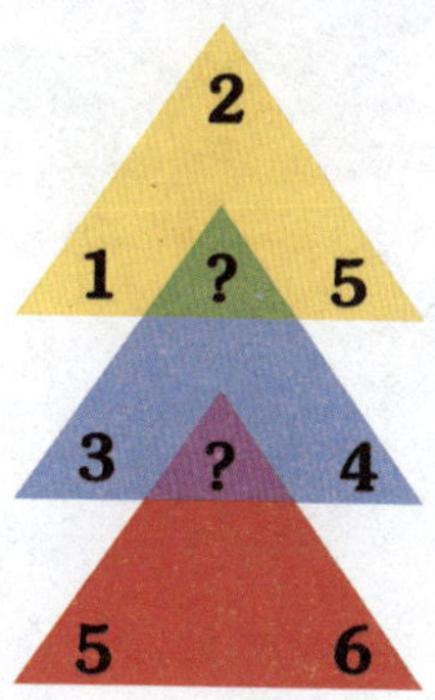

（答案见第205页）

孕晚期准爸爸辅助做保健操

年 月 日 心情

怀孕8个多月，孕妈妈的身体已经越来越沉重，但是简单的运动还是可以做做的。今天这套保健操需要准爸爸的辅助才能完成，有准爸爸的陪伴，孕妈妈运动起来就会更加快乐，而且效果也一定会更好。

运动步骤

1. 准爸爸手抓孕妈妈的胳膊，从肩部到手肘前后绕圈（图①）。
2. 从侧面向前方轻抚乳房，这样可以使全身流向乳房的血液顺畅（图②）。
3. 轻轻地按摩并敲打孕妈妈背部肩胛骨一带。如果这个部位僵硬的话，对乳汁分泌有负面影响（图③）。
4. 孕妈妈放松地平躺在床上，准爸爸手扶其足部左右轻轻摇晃。摇晃不宜太频繁，1~2分钟摇晃1次即可，持续约10分钟左右（图④）。
5. 准爸爸用双手按住孕妈妈的左肩和右腰，再换右肩和左腰，以交叉放置的方式轻轻按摩摇动（图⑤）。

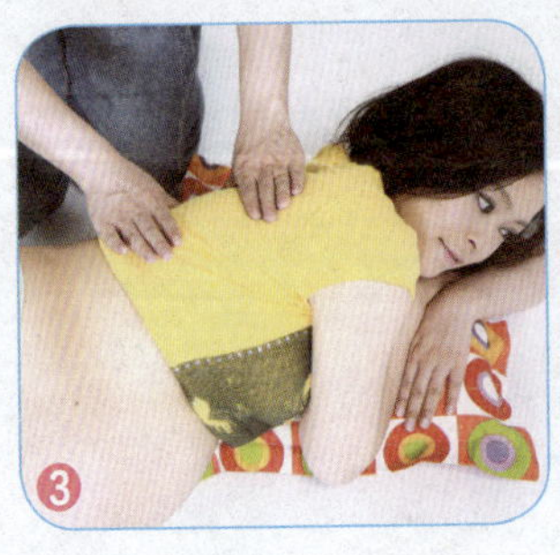

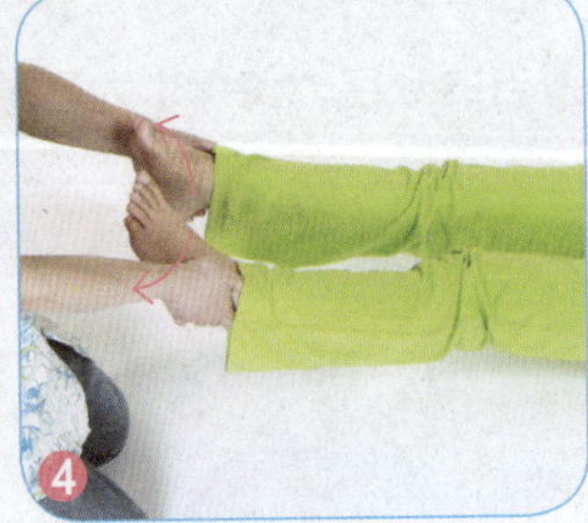

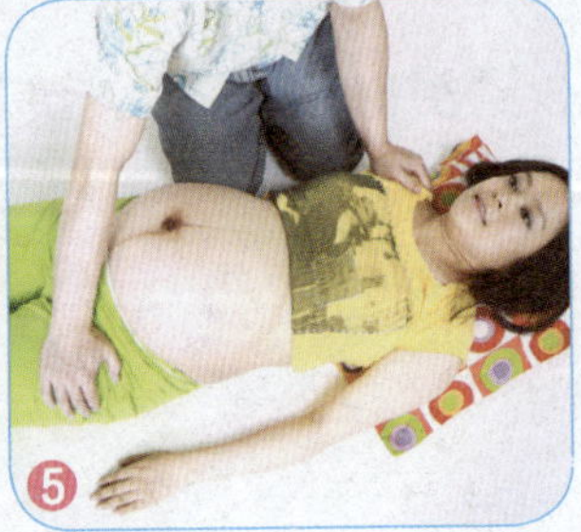

运动功效

这套保健操能使孕妈妈的血液循环顺畅，心情也会随之变得轻松。

猜谜语（二）

年　　月　　日　　心情

猜谜语的时间到了，准爸爸快来给孕妈妈出谜题吧。这些谜语都是关于动物的，简单又有趣，孕妈妈要用最快的速度猜出来哦。

谜题

一

头长两棵树，
身开白梅花，
性情最温顺，
跑路赛过马。

二

皮袄黄黄带花纹，
翻山越岭本领强，
豺狼见它打哆嗦，
森林之间我为王。

三

脸上长钩子，
头上挂扇子，
四根粗柱子，
一条小辫子。

四

肥头大耳眼睛小，
会吃会长爱睡觉，
小朋友们都喜爱，
它是我们大国宝。

五

嘴巴像铲子，
脚上套扇子，
走路摇身子，
说话哑嗓子。

谜底

一　梅花鹿
二　老虎
三　大象
四　熊猫
五　鸭子

经典阅读：《热爱生命》

年　　月　　日　　心情

蒙田是文艺复兴后期法国最重要的人文主义作家。他赞美自由、静谧与闲暇，并一直坚持在文字中探索和领悟生命的意义。赶快来读一读吧。

我赋予某些词语特殊的含义，拿“度日”来说吧，天色不佳，令人不快的时候，我将“度日”看作是“消磨光阴”，而风和日丽的时候，我却不愿意去“消磨”，这时我是在慢慢赏玩、领略美好的时光。坏日子，要飞快地去“度”，好日子，要停下来细细品尝。“度日”、“消磨光阴”这些常用语令人想起那些“哲人”习气。他们以为生命的利用不外乎将它打发、消磨，并且尽量回避它，无视它的存在，仿佛这是一件苦事、一件贱物似的。至于我，我认为生命不是这个样的，我觉得它值得称颂，富于乐趣，即便我自己到了垂暮之年也还是如此。我们的生命受到自然的厚赐，是优越无比的。如果我们觉得不堪生活之重压而白白虚度此生，那也只能怪我们自己。糊涂人的一生枯燥无味，躁动不安，却将全部希望寄托于来世。

不过，我对随时告别人生，毫不惋惜。这倒不是因为生之艰辛与苦恼所致，而是由于生之本质在于死。因此只有乐于生的人才能真正不感到死之苦恼。享受生活要讲究方法。我自认为比别人多享受到一倍的生活，因为生活乐趣的大小是随着我们对生活的关心程度而定的。尤其在此刻，我眼看生命的时光不多，我就愈想增加生命的分量。我想靠迅速抓紧时间，去留住稍纵即逝的日子；我想凭时间的有效利用去弥补匆匆流逝的光阴。剩下的生命愈是短暂，我愈要使之过得丰盈充实。

诗歌欣赏：《白桦》

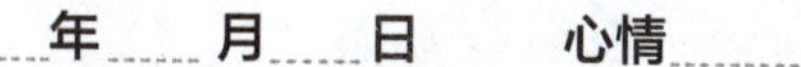
年 月 日 心情

白桦树的姿态十分挺拔，象征着高尚的人格，因此，有很多文人都通过文字来赞美它。今天，孕妈妈来欣赏一首俄国诗人叶赛宁的诗歌，体会一下诗人对白桦的爱和敬意吧。

在我的窗前，
有一棵白桦，
仿佛涂上银霜，
披了一身雪花。

毛茸茸的枝头，
雪绣的花边潇洒，
串串花穗齐绽，
洁白的流苏如画。

在朦胧的寂静中，
玉立着这棵白桦，
在灿灿的金晖里，
闪着晶亮的雪花。

白桦四周徜徉着
姗姗来迟的朝霞，
它向白雪皑皑的树枝
又抹一层银色的光华。

赏析 这是一首抒情诗，是俄国著名诗人叶赛宁的作品。诗歌从不同角度描绘了白桦树的美。在“我”窗前的这棵白桦树，如披银霜，洁白如画，在寂静中，在朝阳的映照下，闪着晶亮的光彩，亭亭玉立，充满了动静结合的美。

第201页答案：

1. 　　2.41　　3.“？”处分别为“4”和“1”

趣味指印画：老鼠

年 月 日 心情

小老鼠，长尾巴，孕妈妈看看下面的小老鼠是不是很有趣呀？你也可以用手指画出形态各异的小老鼠。动手试试吧。

准备材料

水彩或水粉颜料、勾线笔、白纸。

作画步骤

1. 先用拇指压印出老鼠的肚子（图①）。
2. 再用小指和食指点印出耳朵（图②）。
3. 最后用笔画出眼睛、胡须和尾巴（图③）。

请孕妈妈在此框中作画

欣赏精美绝伦的纸艺作品

____年____月____日　心情____________

小小的纸张居然如此富有表现力，能够创造出这么精美的艺术作品。孕妈妈赶快来欣赏吧。看着这一幅幅颇具创意的纸艺作品，孕妈妈是不是也跃跃欲试了呢？

普普通通的纸张，在灵巧的手和智慧的头脑的共同打造下，居然能够变换出美丽的蝴蝶、飞翔的小鸟、优美的风景画……当栩栩如生的纸艺作品呈现在眼前时，人们不禁赞叹它们的奇妙与精彩。

看着这么富有想象力和创造力的精彩作品，孕妈妈是不是也想试试看呢？应用纸张的各种特点，进行剪裁、雕刻、折叠、粘贴等，就可以制作出各种小装饰物或小玩意儿，这是多么具有创意和乐趣的胎教内容呀！

宝宝也在感受着妈妈的喜怒哀乐

宝贝，你让我完成了重要的蜕变，变得完整，变得淡然而满足。最近，爸爸妈妈在为你的到来做充分的准备，我们会努力为你打造一个温暖的家。

33～36周宝宝成长周历

第33周：皮肤变得粉嘟嘟的

现在胎宝宝的皮肤由红色变成了粉红色，脂肪继续堆积；指甲已长到指尖，但一般不会超过指尖；肺部也已经能够有节奏地做呼吸样动作；由于大脑迅速发育，胎宝宝的头围在本周增长了大约9.5毫米，已经接近了身体的正常比例。有的胎宝宝头部已开始降入骨盆。有些胎宝宝已长出了一头浓密的胎发，也有的宝宝头发稀疏，但这并不意味着出生后也如此。

第34周：骨骼变得更结实了

胎宝宝头部应该已经进入骨盆。这个时期应格外关注胎宝宝的胎位。如果胎宝宝是臀位（即臀部向下）或有其他姿势的胎位不正，都应采取措施进行纠正。胎宝宝的头骨现在还很柔软，而其他部位的骨骼已经变得结实起来，指甲也坚硬了。

第35周：具有了"独立"生存能力

现在的胎宝宝中枢神经系统已基本发育成熟，因此他比过去更加敏感，容易惊醒。同时，胎宝宝的消化系统发育也日趋完善。

现在胎宝宝的肺部发育已基本完成，出生后就可以自主呼吸，所以此时出生存活的可能性为99%。

第36周：小手小脚在妈妈腹部凸现出来

36周的胎宝宝大约已有2900克重，身长约为34厘米。两个肾脏也已发育完全，其肝脏已能够处理一些代谢废物。在这个时期，每当胎宝宝在孕妈妈的腹中开始活动时，他的手肘、小脚丫及头都会清楚地在孕妈妈的腹部凸显出来，孕妈妈甚至可以看出胎宝宝小脚丫的形状。

这一时期的胎教重点任务

情绪胎教

孕晚期，孕妈妈容易产生焦躁不安的情绪，极有可能影响自己和胎宝宝的健康。孕妈妈不妨做些有意思的事情转移一下注意力。例如，看看动画片、做做有趣的智力游戏，为胎宝宝作一幅画等，让自己的心态始终保持平和、从容。

推荐活动 看动画片 

营养胎教

在怀孕的冲刺阶段，很多孕妈妈因为腹部沉重而导致水肿症状加重，为了缓解症状，孕妈妈要多吃一些利水消肿的食物。

推荐菜肴 翡翠冬瓜夹 

美学胎教

胎宝宝此时已经具备了完整的五感，孕妈妈经常欣赏一些艺术作品，如名画《蒙娜丽莎》，感受画中人物神秘而美丽的笑容，对于胎宝宝来说也是一种美好的体验。动手进行简单的小创作，对胎宝宝来说是一种良好的感官刺激。

总之，美学胎教对于刺激胎宝宝的大脑发育和培养宝宝的审美感知能力都是有一定的好处的。

推荐活动 欣赏名画 

童话故事：《月亮和白杨树》（一）

年 月 日 心情

今天，孕妈妈来给胎宝宝讲一个《月亮和白杨树》的故事吧。白杨树喜欢又大又圆的月亮，却不能接受月亮像镰刀一样弯弯的样子。最后才发现自己因为不喜欢尖尖的月亮而错过了很多次看到圆月的机会。这说明，如果想与人做朋友，就应该了解并接受他最真实的样子。

夏日的午后，太阳热辣辣地烘烤着大地。白杨树热得满身都是汗，他想使劲抖抖身子，甩掉身上的汗味儿，可是，他被晒得一点力气都没有。没办法，白杨树只好眯起眼睛，在太阳下打盹儿。

终于盼到了夜晚。啊，这下可是凉快多了。白杨树伸了伸懒腰，长长吁了一口气，然后仰起头，望向天空。

“啊？那是什么？”

白杨树发现夜空中有一张又大又圆的脸正低着头笑眯眯地看着他。白杨树禁不住伸出手臂想拥抱那圆圆的脸庞。

“告诉我，你是谁？为什么在白天见不到你？”一直低着头看着白杨树的那张脸笑了：“我是月亮。我一直都挂在天空，只是因为白天阳光太强，你看不见我罢了。”

“哦。”看着月亮那清澈明亮的眼神，那笑眯眯的动人嘴角，白杨树心底真有说不出的喜欢和激动，“要是每天都能和月亮守在一起，那多好啊！”

就这样，白杨树每个白天都在盼望着夜晚的到来。

不过，这种高兴并没有持续多久。月亮那又圆又大的漂亮面孔慢慢地只露出窄窄的一半；又过了一段时间，月亮的脸竟变得像镰刀一样弯弯的。

童话故事：《月亮和白杨树》（二）

年　月　日　心情

怎么会这样呢？白杨树苦恼极了。月亮似乎察觉到了白杨树的变化。

一天夜里，她问白杨树："白杨树，难道你不喜欢我了吗？"

白杨树就忧郁地看了看月亮："我喜欢的是那个又大又圆的月亮，而不是现在这个下巴尖尖的，脸都小得看不见了的你。"

"白杨树，其实我还是你心中的那个圆月亮啊！"

可是白杨树根本不信，也不再和月亮说话。云彩飘了过来，月亮看了一眼白杨树，然后就消失在云层里了。静静地，又过了一段日子。一天夜里，好久不曾抬头仰望的白杨树偶然看了下夜空。

啊！看哪！月亮又与他第一次看见的一模一样，又变得又大又圆了。圆圆的月亮温柔地向下看，可是白杨树却害羞地闭上了眼睛。他又高兴又惭愧，心想："明天……明天我一定要向月亮道歉！"

孕妈妈可以一边给胎宝宝讲故事，一边抚摸胎宝宝，让他感受到孕妈妈温柔的声音和爱抚。

脑筋急转弯（三）

年　　月　　日　　心情

准爸爸时间到！除了要负责孕妈妈的饮食，准爸爸还要肩负起让孕妈妈快乐的重任。今天，出些脑筋急转弯，让孕妈妈和胎宝宝的大脑快速转动起来吧。

题目

1.哪一个字永远写不好?

2.世界上的夫妻都有的一个共同点是什么?

3.什么时候你的名字有四个字或者五个字?

4.有2位神箭手，面对1个独脚桌上呈正方形排列的4个瓶子练习射箭。甲说：“我只需要3箭，就能射倒4个瓶子。”乙说：“我只需要2箭，就能射倒4个瓶子。”这时，有个猎人路过，对他们说：“我只需要1箭就可射倒4个瓶子。”请问，猎人究竟是如何射的呢?

5.8点钟和9点钟有什么不一样?

6.小马右脚袜子的外侧破了一个洞，左脚袜子的内侧也破了一个洞。他该如何做才能使别人见到他穿的这双袜子的外侧没有破洞?

7.风的孩子叫什么?

8.什么河里没有鱼呢?

9.小明的爸爸找了个座位坐下，小明也在同一个房间找个地方坐下来，小明的爸爸却不能坐在小明的位置上，小明坐在哪儿?

10.萝卜喝醉了，会变成什么?

答案

1.孬。

2.都是同年同月同日结婚的。

3.当一个口吃的人叫你的时候。

4.射桌腿。

5.差一点。

6.把右脚的袜子反穿，外侧的洞就跑到内侧去了。

7.水起。因为风生水起。

8.银河。

9.小明坐在爸爸的腿上。

10.红萝卜。

欣赏可爱宝宝照（第四波）

年　　月　　日　　心情

在妈妈的眼中，最美不过宝宝的笑脸。看看这些宝宝，笑得都好开心。宝宝拥有纯真洁净的世界，所以能够露出天使般的甜美笑容。孕妈妈是不是也很想走进那个干净纯真的世界里去呢？

趣味数独小游戏（七）

年　　月　　日　　心情

数独时间到了，现在孕妈妈已经熟悉做数独的方法了，所以难度系数也会相应增加。之前的一些简单的方式可能不太适用了，孕妈妈可以探索一些新的方法。孕妈妈快来迎接挑战吧！

题目1 难度系数3　用时____分钟

2				1			7	
	8	3				6		
7	1				6		2	
9	3			6	2			
	7					2	3	
4	2				9			6
	4						1	
			6				5	4
1		2			4		6	

答案1

2	6	4	9	1	8	5	7	3
5	8	3	2	4	7	6	9	1
7	1	9	3	5	6	4	2	8
9	3	8	1	6	2	7	4	5
6	7	1	4	8	5	2	3	9
4	2	5	7	3	9	1	8	6
8	4	6	5	7	3	9	1	2
3	9	7	6	2	1	8	5	4
1	5	2	8	9	4	3	6	7

题目2 难度系数3　用时____分钟

		2		6				
		6			7			9
		7			8	4		
9				3				1
3			5		2			4
6				1				3
		5	3			8		
8			6			5		
				2		9		

答案2

5	9	2	4	6	3	1	7	8
4	8	6	1	5	7	3	2	9
1	3	7	2	9	8	4	6	5
9	5	4	7	3	6	2	8	1
3	7	1	5	8	2	6	9	4
6	2	8	9	1	4	7	5	3
2	6	5	3	4	9	8	1	7
8	4	9	6	7	1	5	3	2
7	1	3	8	2	5	9	4	6

经典阅读：《社戏》节选

年 月 日 心情

孕妈妈心中是否也存留着很多值得纪念的童年趣事呢？今天，孕妈妈就带着胎宝宝一起品读鲁迅先生的《社戏》，并和他一起畅想美好的童年时光吧。

一出门，便望见月下的平桥内泊着一只白篷的航船，大家跳下船，双喜拔前篙，阿发拔后篙，年幼的都陪我坐在舱中，较大的聚在船尾。母亲送出来吩咐“要小心”的时候，我们已经点开船，在桥石上一磕，退后几尺，即又上前出了桥。于是架起两支橹，一支两人，一里一换，有说笑的，有嚷的，夹着潺潺的船头激水的声音，在左右都是碧绿的豆麦田地的河流中，飞一般径向赵庄前进了。

两岸的豆麦和河底的水草所发散出来的清香，夹杂在水气中扑面的吹来；月色便朦胧在这水气里。淡黑的起伏的连山，仿佛是踊跃的铁的兽脊似的，都远远的向船尾跑去了，但我却还以为船慢。他们换了四回手，渐望见依稀的赵庄，而且似乎听到歌吹了，还有几点火，料想便是戏台，但或者也许是渔火。

那声音大概是横笛，宛转，悠扬，使我的心也沉静，然而又自失起来，觉得要和他弥散在含着豆麦蕴藻之香的夜气里。

那火接近了，果然是渔火；我才记得先前望见的也不是赵庄。那是正对船头的一丛松柏林，我去年也曾经去游玩过，还看见破的石马倒在地下，一个石羊蹲在草里呢。过了那林，船便弯进了叉港，于是赵庄便真在眼前了。

最惹眼的是屹立在庄外临河的空地上的一座戏台，模糊在远处的月夜中，和空间几乎分不出界限，我疑心画上见过的仙境，就在这里出现了……

学做有助于缓解水肿的美味营养菜

年 月 日 心情

孕期浮肿是一种很普遍的现象，大多数孕妈妈都会出现孕期浮肿。而在孕晚期，胎宝宝的体重一直还在增加并逐渐接近出生前的最大值，孕妈妈的水肿症状便会随之加重。

翡翠冬瓜夹

材料 冬瓜500克，雪菜末100克，猪肉末150克。

调料 A.酱油半大匙，香油少许；B.盐、香油、水淀粉各少许。

做法

1. 冬瓜去皮、籽，切片，再以一刀切断、一刀不断的切法，切成蝴蝶状冬瓜夹，备用。
2. 将雪菜末与猪肉末加入调料A后拌匀，制成馅料。
3. 在冬瓜夹内塞入馅料，蒸熟，取出，浇入煮沸的调料B即可。

糖醋鱼块

材料 鲤鱼1条，洋葱60克，鸡蛋1个（取蛋清），青、红椒丝适量。

调料 淀粉、番茄酱、醋、白糖、盐、香油各适量。

做法

1. 鲤鱼洗净，切成块，加蛋清、盐拌匀，腌约5分钟。油锅烧热，将鱼块均匀裹上淀粉，放入锅中以小火煎炸约2分钟，再以大火炸约30秒，捞起后沥干油分。
2. 余油烧热，放入洋葱和青、红椒丝炒香，再放鱼块炒匀，水淀粉勾芡，大火收汁即可。

为图画填颜色（六）

____年____月____日　　心情________________

快来给这幅空白图片填上美丽的颜色吧。看，小兔子正眼巴巴地等着孕妈妈呢……

这是一只颇有小资情调的小兔子，在城市的背景下，她过着悠闲而自在的生活。孕妈妈喜欢这种生活吗？怀孕后，孕妈妈的生活发生了哪些美好的变化呢？

摆火柴

年 月 日 心情

小小的火柴棒可以摆出多种几何图形，尝试着动动脑动动手，按照题目的要求将火柴棒摆到正确的位置上。这种益智健脑的小游戏，看上去简单，实际上做起来其实也是有点挑战性的。

第一组

图中是由火柴棒组成的小船，现在请试着移动两根火柴棒，使小船的方向朝着相反的方向。

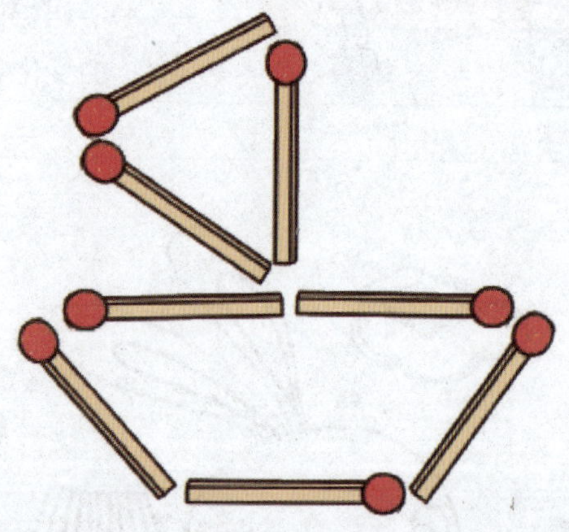

第二组

用10根火柴可以摆成树木的形状，请移动4根火柴将小树变成一间小房子吧！

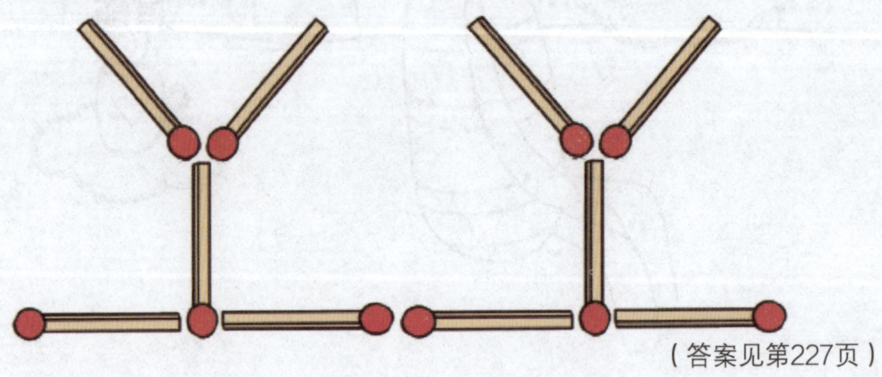

（答案见第227页）

名曲欣赏：《百鸟朝凤》

年 月 日 心情

凤凰是我国古代神话中的鸟王，象征着富贵与吉祥。今天孕妈妈可通过欣赏这首著名的民间唢呐曲——《百鸟朝凤》来感受百鸟争鸣的热烈气氛和大自然的勃勃生机吧。

欣赏时间

孕妈妈可以在上午的空闲时间听这首曲子，欢乐的气氛很富有感染力，让人感觉心情愉快，神采奕奕。

欣赏指导

这首曲子旋律生动、活泼，富有朝气，展现了大自然生机勃勃的景象，表达了人们对美好生活的向往。乐曲开始时，唢呐奏出舒展优美而富有歌唱性的前奏，其中排比性的短小乐句和悠长的乐句，如同对歌一样交替应答，形成逗趣诙谐的音乐，非常富有生活情趣。前奏之后，唢呐先吹出一段热情欢快的旋律，渲染出热闹的气氛，而后在固定曲调伴奏下，奏出百鸟鸣叫的段落。唢呐的演奏技巧非常丰富，以声音的模仿为主要表现手法。曲中模拟了布谷鸟、斑鸠、鹁鸪、燕子、猫头鹰、鹌鹑、柳莺、山麻雀、画眉、黄雀、秋蝉等虫鸣鸟叫声，烘托出欢快、热烈、雄壮的气氛，堪称“仿声作品”的典范。

关于这首曲子

唢呐独奏曲《百鸟朝凤》原为流传于山东、安徽、河南、河北等地的民间乐曲，旋律热情、欢快。唢呐又名喇叭，公元3世纪在我国出现。据明代古籍记载，唢呐当时在我国已经普遍流传，是深受广大群众欢迎和喜爱的吹奏乐器。

逻辑思维游戏（四）

年 月 日 心情

动动脑能够开发智力，强化逻辑思维，这是非常好的胎教方式。今天孕妈妈继续来做逻辑思维游戏。加油吧！

1.小黄狗要过河，它必须蓝绿相间跳过彩色石子，并使跳过的石子上数字之和为61，你能帮小黄狗找到路吗？

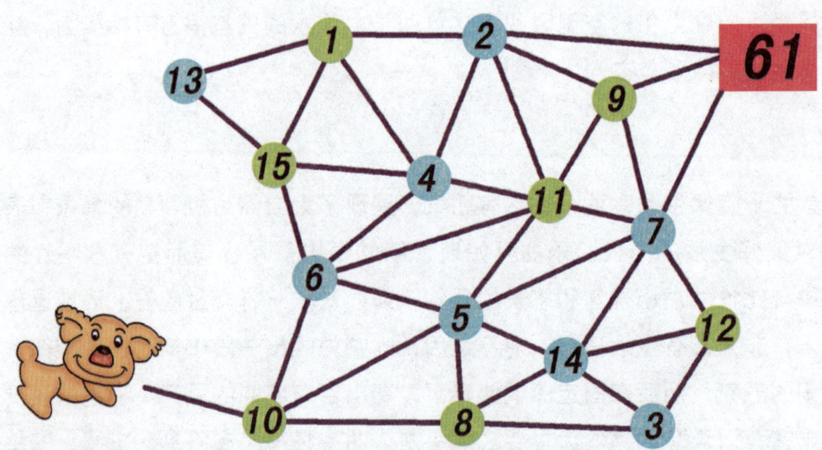

2.右图是由8根火柴棒搭成的小鱼，你能移动3根火柴棒使小鱼头朝反方向游吗？

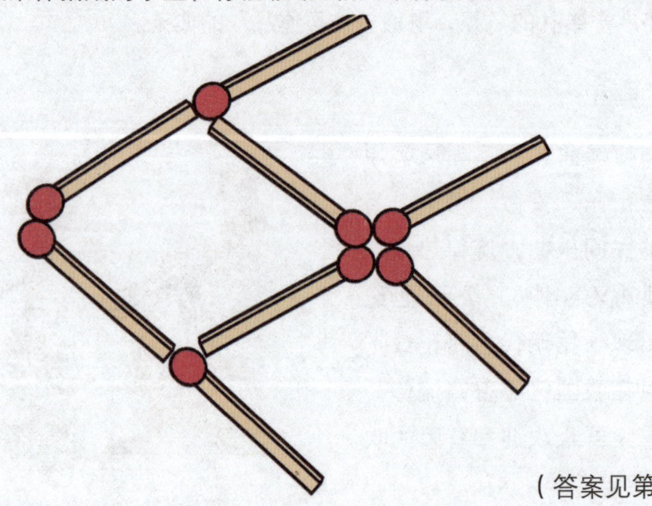

（答案见第229页）

诗歌欣赏：《孩童之道》

____年____月____日 心情____________

泰戈尔通过这首诗告诉我们：孩童的世界里并不是天真得一片空白，他们拥有闪亮的智慧和飞一般的自由，而他们“假装”很无助的样子，不过是想要乞求妈妈的爱的财富。读了这首诗，相信孕妈妈会更加了解孩童的世界。

只要孩子愿意，他此刻便可飞上天去。

他所以不离开我们，并不是没有缘故。

他爱把他的头倚在妈妈的胸间，他即使是一刻不见她，也是不行的。

孩子知道各式各样的聪明话，虽然世间的人很少懂得这些话的意义。

他所以不想说，并不是没有缘故。

他所要做的一件事，就是要学习从妈妈的嘴唇里说出来的话。那就是他所以看来这样天真的缘故。

孩子有成堆的黄金与珠宝，但他到这个世界上来，却像一个乞丐。

他所以这样假装了来，并不是没有缘故。

这个可爱的小小的裸着身体的乞丐，所以假装着完全无助的样子，便是想要乞求妈妈的爱的财富。

孩子在纤小的新月的世界里，是一切束缚都没有的。

他所以放弃了他的自由，并不是没有缘故。

他知道有无穷的快乐藏在妈妈的心的小小一隅里，被妈妈亲爱的手臂所拥抱，其甜美远胜过自由。

孩子永不知道如何哭泣。他所住的是完全的乐土。

他所以要流泪，并不是没有缘故。

虽然他用了可爱的脸儿上的微笑，引逗得他妈妈的热切的心向着他，然而他的因为细故而发的小小的哭声，却编成了怜与爱的双重约束的带子。

头脑体操——下棋

年　月　日　心情

下棋这项活动能够让大脑进行高强度的锻炼，所以被称为头脑体操。准爸爸有空的时候就和孕妈妈一起下棋吧。

棋类游戏有很多种，最常见的有象棋、围棋、军棋、五子棋、跳棋等，孕妈妈可以根据自己的爱好和特长来选择合适的棋类游戏。下棋是一种锻炼智力的娱乐活动，对弈双方应从容对坐，注意力集中，互相切磋，其乐融融。下棋的过程中能够让大脑充分活动起来，权衡利弊，积极发挥逻辑思维能力和决策力。孕妈妈应有意识地放松自己，怀着愉悦和娱乐的心态去体会棋类世界的丰富多彩和其乐无穷，胜负的结果并不重要，孕妈妈千万不要太在意。

下棋的时候有一些禁忌需要孕妈妈注意。

◎**忌时间过长**。下棋通常是坐着，长时间保持一个姿势，容易造成下肢的血液循环不畅，对肌肉造成压力，还会造成消化不良和便秘。所以孕妈妈应该注意控制下棋的时间，并且要选择舒适的姿势，还要注意经常变换姿势。

◎**忌争强好胜**。为了一步棋争执不下，甚至唇枪舌剑，实在是得不偿失，孕妈妈要调整好自己的心态，以休闲娱乐为目的，不要争强好胜。

◎**忌不择场地**。孕妈妈下棋最好选择比较安全、安静且空气流通好的地方，例如家里的客厅。不要到户外风沙较大或空气、噪声污染较重的马路边下棋。

下棋是一项有益心智健康的活动，准爸爸要抽时间多陪孕妈妈下棋。

考眼力，认运动

年　　月　　日　　心情

通过下图左侧的图形判断一下都是什么运动？快来找一找和它们配套的球类，用线连起来，然后将运动名称写在方框里面。

(1)

(2)

(3)

(4)

答案 (1) (2) (3) (4)

促进分娩的夫妻互动保健操

年 月 日 心情

孕妈妈的体重又增加了不少，这种变化无疑会给关节和肌肉带来更重的负担。为了减轻下肢的水肿和疼痛症状，孕妈妈一定要多锻炼，准爸爸也可以来帮忙。

运动步骤

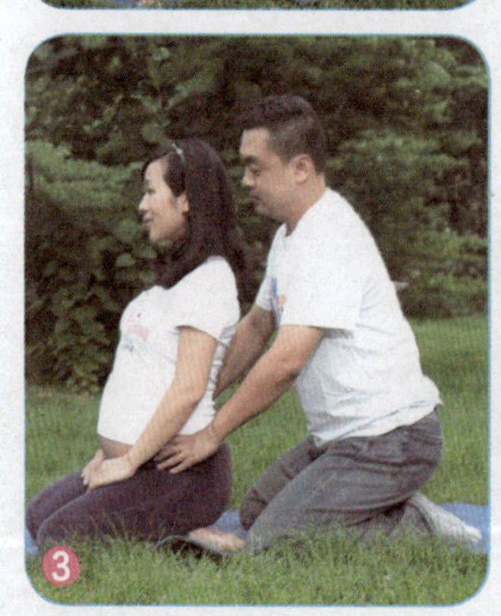

1. 准爸爸与孕妈妈相对站立，孕妈妈将双腿左右分开，比肩稍宽，准爸爸向前迈一步（图①）。两人双手相握，准爸爸挺直脊柱，孕妈妈慢慢下蹲，并收缩骨盆底肌肉（图②）。
2. 孕妈妈的膝盖自然分开，脚尖靠拢，然后跪坐在脚跟上（图③）。孕妈妈将手臂慢慢上举，准爸爸双手牢牢地扶住孕妈妈的骨盆，轻轻地做按压动作（图④）。

运动功效

此保健操可以有效地促进孕妈妈下肢血液的流通，缓解下肢静脉曲张，并可以有效地增强关节的柔韧度，达到促进顺利分娩的功效。可扩张骨盆和髋关节，促进胎宝宝顺利下降到骨盆处。

准爸爸讲四季和鹦鹉的知识

____年____月____日　　心情____________

今天，准爸爸可以教胎宝宝认识四季的产生和鹦鹉是否真的会说话。虽然此时的胎宝宝还不能看见真实的四季以及动物图片，还不能理解准爸爸的语言，但是他能够感受爸爸的声音和语气以及孕妈妈愉快的情绪。

四季是怎样产生的

春季微风和煦，万物复苏；夏季炎热多雨，植物茂盛；秋季天高气爽，硕果累累；冬季寒风凛冽，大雪飘飘。一年有四季，四季各不同。那么，四季是怎样产生的呢？地球上的四季是由地轴倾斜和地球公转造成的。地球公转时，地轴与公转的轨道平面有一定的倾斜度，太阳光直射到地球上，南北两半球在同一时间里接受太阳的辐射和热量各不相同，就形成了春、夏、秋、冬四季。

那么，什么地方一年四季气候没有区别呢？热带及寒带地区没有四季变化。热带地区终年炎热，寒带地区整年处于低气温。

南北半球的季节正相反。从3月到9月，北极朝太阳的方向倾斜，北半球进入夏季，白昼时间较长，得到的光照较多，气候较温暖。南半球则正相反。从9月到次年3月，南半球进入夏季，而北半球则处于冬季。

鹦鹉真的会说话吗

1980年，一个英国农民捉到一只很奇特的鹦鹉，它的嘴里反复念叨着一组6位数字。新主人感到很奇怪，试着按这组数字拨通了电话，居然找到了鹦鹉原来的主人。那么，鹦鹉真的会说话吗？鹦鹉的舌头细长、柔软、灵活，舌根和声带很发达，能够发出准确清晰的音调，加上它们有较强的记忆能力，只要经过训练，就能学人说话和歌唱。通过训练，有的鹦鹉还能辨别颜色、区别数字、辨认物体的形状，甚至会背诵一千多个英语单词、说简单的英语句子呢！据说，有一家人都入睡了，主人扔在纸篓中的烟蒂烧了起来。家中的鹦鹉看见火苗，急得拍打着双翅大声叫：“妈妈！妈妈！”主人被惊醒了，扑灭了火。可爱的鹦鹉救了这一家人。还有一则记载，唐朝一个富翁在家中遇害，地方官到他家去勘察，忽然听到笼中的鹦鹉叫着一个人的名字，地方官经过深入调查，凶手正是鹦鹉叫的那个人。

绕口令（三）

年 月 日 心情

绕口令的练习要循序渐进，持之以恒，孕妈妈只要不放弃，一定会说得越来越快，越来越好，这对提高胎宝宝的语言能力也是有好处的。

哥挎瓜筐过宽沟

哥挎瓜筐过宽沟，
过沟筐漏瓜滚沟。
隔沟挎筐瓜筐扣，
瓜滚筐空哥怪沟。

磨房磨墨

磨房磨墨，
墨碎磨房一磨墨；
梅香添煤，
煤爆梅香两眉灰。

九个酒迷喝醉酒

九月九，九个酒迷喝醉酒。
九个酒杯九杯酒，
九个酒迷喝九口。
喝罢九口酒，
又倒九杯酒。
九个酒迷端起酒，
“咕咚、咕咚”又九口。
九杯酒，酒九口，
喝罢九个酒迷醉了酒。

一连念七遍就聪明

天上七颗星，地下七块冰，
树上七只鹰，梁上七根钉，
台上七盏灯。
呼噜呼噜扇灭七盏灯，
嗳哟嗳哟拔掉七根钉，
呀嘘呀嘘赶走七只鹰，
抬起一脚踢碎七块冰，
飞来乌云盖没七颗星。
一连念七遍就聪明。

自己动手做纸艺

年 月 日 心情

前面我们欣赏过了精美绝伦的纸艺作品，孕妈妈也可以自己尝试一下，发挥自己的想象力和动手能力，创作出具有独特创意的纸艺作品。孕妈妈可以先从简单的做起。不一定要多么精美，只要是用自己的双手做出来的东西，那就是好看的、独一无二。

纸艺DIY所需的工具很简单，几张彩色的纸，再加上铁丝、剪刀、小钳、白乳胶等“道具”就可以一展孕妈妈的心灵手巧了。

作品示例

第218页摆火柴答案

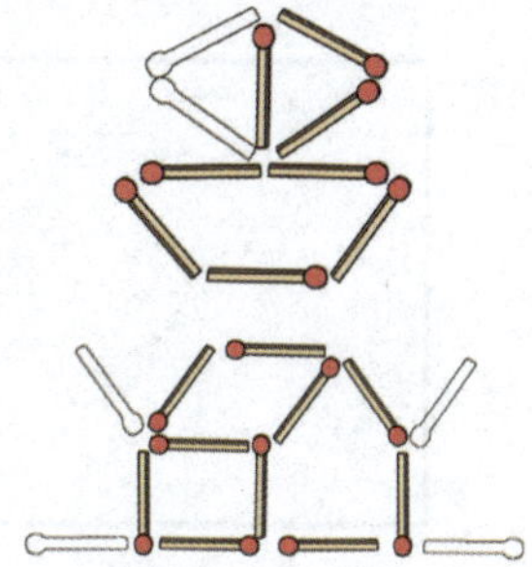

连连看（四）

年　月　日　心情

将下面空白图中的点连起来，能组合成各种漂亮的图片，这个游戏可以训练孕妈妈的想象力和对图形的认知能力，孕妈妈快来试试吧。

诗歌欣赏：《篱笆那边》

年 月 日 心情

这首小诗是美国女诗人狄金森（1830－1886）的代表作品之一。狄金森年少时热爱大自然，她的诗作完全是内心情感的真实流露，毫无矫揉造作之气，颇受读者喜爱。孕妈妈来品读一下吧。

篱笆那边
有草莓一棵
我知道，如果我愿意
我可以爬过
草莓，真甜！
可是，脏了围裙
上帝一定要骂我
哦，亲爱的，我猜，如果
他也是个孩子
他也会爬过去，如果他能爬过！

赏析 这首诗以一颗单纯的童心，描绘了一个孩童对于草莓的渴望。“草莓，真甜！”把孩童的天真可爱刻画得惟妙惟肖，还大胆地猜想，如果上帝也是一个孩子，他也会爬过篱笆，去采摘甜美诱人的草莓。

在这里，草莓可以抽象为人们所追求的美好事物，而篱笆则是某些束缚的象征。如果摆脱这些束缚，也许就会得到梦寐以求的美好了。孕妈妈是否会因为“篱笆”的阻碍而轻易地放弃甜美的“草莓”呢？这是一个值得思索的问题。草莓似乎还在篱笆那边，孩童则依然做着未完成的梦。什么时候会勇敢地跨出那一步呢？也许只有他自己清楚……

第220页逻辑思维游戏答案

1.10＋5＋11＋4＋15＋13＋1＋2＝61　　2.

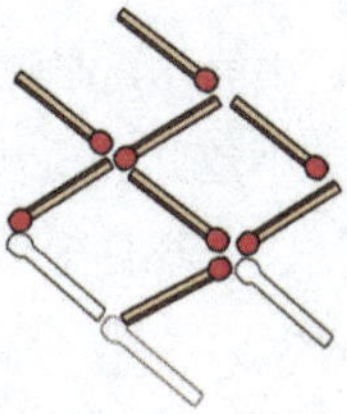

童话故事：《小熊过桥》

年　　月　　日　　心情

今天就给胎宝宝讲一讲《小熊过桥》的故事吧。这是一个简单的幼儿童话，在读完故事后，孕妈妈要鼓励胎宝宝，让他做个勇敢的小宝宝。

有一只小熊带着点心盒子和鲜花去看外婆，他告别了妈妈，就独自上路了。

小熊走着走着，来到一条小河边上。河上有一座桥。这桥是用竹子搭成的，小熊走到上面就不敢动了。因为走起来左一摇右一晃的。小熊正害怕，天上飞过来一只乌鸦。这只乌鸦不但不帮助小熊，还吓唬他。乌鸦高声喊道："呱——呱——坏啦，坏啦！你们瞧啊，小熊要掉下河啦，小熊要掉下河啦！"小熊本来就害怕，被乌鸦这一吓唬，就更不敢动了。他低头一看河水，河水也在笑话他："哗……小熊小熊，你怎么连小竹桥都不敢过！这么胆小，太没出息啦！"小熊一想：乌鸦吓唬我，河水笑话我，这，这可怎么办呢？小熊着急得哭着叫："妈妈，妈妈呀！"可是，妈妈离这儿很远啊，根本听不见呀。熊妈妈听不见，可是水里的小鱼儿听见了，他们"扑噜，扑噜"从水里钻出头来，对小熊说："小熊，小熊，你别害怕，把眼睛往前瞧，别往水下看，你挺起胸，直起腰，迈开步，一二，一二，就过去啦！"小熊听小鱼儿的话，抬起头，眼睛向前看，挺起胸，直起腰，迈开大步，一二，一二！嘿，真过去了。过去以后，眼泪还没干，小熊就高兴地笑了。小熊回过头来，冲着小鱼直点头："小鱼儿，小鱼儿，谢谢你们了，再见吧！"

小鱼儿一看小熊平平安安地过去了，都挺高兴，"鼓儿，鼓儿"，全都钻到水里去了。

指印画：憨态可掬的小熊猫

年 月 日 心情

熊猫是我们的国宝，它憨态可掬的模样总是那么逗人喜爱。今天我们就来做小熊猫的指印画。孕妈妈动动手指，活泼可爱的小熊猫就可以跃然纸上了。赶快来试试吧！

准备材料

水彩或水粉颜料、勾线笔、白纸。

作画步骤

1. 先用拇指轻压出头部（图①）。
2. 再用食指压印出身体（图②）。
3. 然后用小指点印四肢及耳朵（图③）。
4. 最后用笔画出眼睛和嘴巴（图④）。

请孕妈妈在此框中作画

闪光卡片：教胎宝宝认汉字（二）

年 月 日 心情

今天，孕妈妈来教胎宝宝学习两个新的汉字——“大”和“小”。这是两个生活中比较常见的汉字，它们代表了两个常用的概念。胎宝宝正在渴盼着孕妈妈解释它们到底是什么意思，所以赶快来给胎宝宝讲一讲吧。

教胎宝宝学习汉字要从形象、读音与字义三个方面入手。

孕妈妈先放松心情，集中注意力，还是按原来的方法，先读出字音，一边读一边用手描摹两个字的笔画。

汉字有很强的形象性，孕妈妈可以根据这两个字的字形展开联想，“大”字的形象如同一个人仰躺在那里睡觉，而“小”字则是分开沙粒的形象，“八”表示分开，中间的“亅”表示沙粒，所以有微小的意思。

大和小意思相对。孕妈妈可以用“大”和“小”分别组词，来加深胎宝宝对这两个字的认识。孕妈妈可以拿一些大小对比鲜明的物品来和胎宝宝玩“比大小”的游戏。大苹果和小苹果，大盒子和小盒子，大鞋子和小鞋子……一边比较，一边问宝宝：“宝贝，看一看我手里的苹果，哪个大，哪个小呢？”再拿出大的一个说：“这个大，对不对？”然后别忘了夸奖宝宝：“宝宝猜对了！真聪明！”通过这个小游戏，能够加深胎宝宝对大和小的概念的理解。

走进儿童画的世界

年 月 日 心情

孩子的世界总是充满童真童趣，而儿童画自然也映照了孩子看待世界的视角。常见的儿童画类型有蜡笔画、彩色铅笔画、彩色水笔画等。今天孕妈妈就带领胎宝宝走进儿童画的缤纷世界感受一下吧。

在表现形式上，儿童画区别于其他画种的特点是丰富多样、富有童趣，而且无论采取何种手法作画，画中都能反映出儿童那种纯真无瑕的心灵世界。孕妈妈经常欣赏儿童画，有助于放松心情，缓解焦虑。欣赏之后，孕妈妈也可以自己动手画一画，这是一项有益身心健康的美术胎教活动。

蜡笔画

蜡笔是儿童画使用最为普遍的一种绘画用笔，特别是“乱涂乱画”时期，由于蜡笔颜色丰富，又具有不用刀削和不易弄脏衣服的特点，因此深受小朋友的青睐和家长的欢迎。

彩色铅笔画

彩色铅笔的色彩更加丰富，而且具有较清晰的轮廓线条和鲜明的色彩形象，是蜡笔画的升级。

彩色水笔画

彩色水笔色彩更加鲜艳，线条的清晰度和亮度高于彩色铅笔画，是目前儿童画使用最为普遍的色彩绘画用笔。缺点是不能修改。

不同的儿童画作画手法绘制同一情景，给人的视觉感受也有所不同。

打点好了一切，准备出生啦

我曾经无数次想象自己成为妈妈的样子，现在却突然感觉有些不习惯。不过只要一想到你，我就不怕了。我知道，你将为我的新生活带来不一样的色彩。我很期待。最后我还要说，这十个月里，有你的存在，我很幸福。

 37~40周宝宝成长周历

第37周：“小房子”有点挤了

这周胎宝宝的重量大约为3000克，身长约为51厘米。大脑仍在发育。由于子宫内的空间有限，胎宝宝已经无法像过去一样伸展四肢，但依然会经常蠕动身体。皮肤细纹消失，身体蜷缩一团等候分娩。

第38周：长出了浓密的头发

这周胎宝宝的体重已经达到约3200克了，身长也有36厘米左右。胎宝宝的指甲已经长到了手指和脚趾的末端。这个阶段，大多数胎宝宝的头发已经长得很长了，宝宝的发质与遗传和营养因素有关。原来在胎宝宝身上覆盖着的大部分胎脂现在已经逐渐脱落、消失，胎宝宝的皮肤变得像小泥鳅一样光滑。这些物质及其他分泌物也随着羊水被胎宝宝吞进肚子里，变成了胎便。

第39周：器官已发育完成

胎宝宝体重已有3200~3400克。现在胎宝宝的身体各部分器官已发育完成，肺部是最后一个成熟的器官。胎宝宝的头部已固定在骨盆中，他不断地向下运动，压迫孕妈妈的子宫颈。

第40周：迎接子宫外的新生活

本周胎宝宝已经完全成熟，随时可能出生。胎宝宝腹部的周长要比头部稍大，脂肪的比例约占体重的15%，身体内所有的系统都已经发育成熟。胎宝宝的骨骼数量比成人的206块要多。出生后，部分骨骼会随着成长逐渐融合到一起。这时，为了迎接子宫外的新生活，胎宝宝已经逐渐形成了70多种不同的反射能力。

这一时期的胎教重点任务

营养胎教

孕妈妈要为分娩做准备，所以需要补养气血，还要能够强健脾胃，增强身体的免疫力。日常饮食要把握清淡、有营养、易消化的饮食原则。准爸爸不妨给孕妈妈做一些营养丰富的粥膳来帮助孕妈妈补养身体。

推荐菜肴 山药萝卜粥 

情绪胎教

宝宝就要出生了，孕妈妈既高兴又紧张。准爸爸一定要加倍关注孕妈妈的情绪，帮助妻子做好产前的心理准备。如果孕妈妈精神过于紧张，建议去医院咨询医生。对于自己所担心的一些问题，不妨向医生或有经验的人打听清楚，消除不必要的担心和顾虑。此外，通过丰富的胎教活动，也可以调节孕妈妈紧张的情绪。

推荐活动 拍张漂亮孕照 

运动胎教

临近分娩，孕妈妈不适合进行强烈的运动了。但是为了能够促进顺利分娩，孕妈妈可以做一些简单的体操运动。练习骨盆伸展操有助于在分娩时减轻疼痛，孕妈妈可以提前练习一下。

推荐运动 减轻分娩痛的伸展操 

趣味数独小游戏（八）

年 月 日 心情

数独时间到了，今天会用多长时间结束解决战斗呢？随着难度的加大，孕妈妈的解题技巧也会逐渐提高。赶快进入数独游戏中来吧，争取做得又快又正确。看，无穷的乐趣在等着你呢！

题目❶ 难度系数3 用时____分钟

			4					2
		4		1	2			9
	7				8			
	2			9		1	7	
				8				
	6	1		5			4	
			9				5	
6			1	2		3		
1					3			

答案❶

5	1	6	4	3	9	7	8	2
3	8	4	7	1	2	5	6	9
2	7	9	5	6	8	4	1	3
8	2	3	6	9	4	1	7	5
4	5	7	2	8	1	9	3	6
9	6	1	3	5	7	2	4	8
7	3	2	9	4	6	8	5	1
6	4	8	1	2	5	3	9	7
1	9	5	8	7	3	6	2	4

题目❷ 难度系数3 用时____分钟

			3	4				
2						4		7
	7				8			5
		3			1			2
		9		6		8		
7			2			3		
5			6				1	
1		2						9
				1	4			

答案❷

9	5	6	3	4	7	1	2	8
2	8	1	9	5	6	4	3	7
3	7	4	1	2	8	9	6	5
8	6	3	4	7	1	5	9	2
4	2	9	5	6	3	8	7	1
7	1	5	2	8	9	3	4	6
5	3	8	6	9	2	7	1	4
1	4	2	7	3	5	6	8	9
6	9	7	8	1	4	2	5	3

做做环状伸展操

年 月 日 心情

在孕晚期，孕妈妈的骨盆重心向下。此时，做一做这套环状伸展操，有助于舒缓臀部和骨盆区域的紧张感。这种充满节奏感的运动，能将孕妈妈的身体渐渐唤醒，让其充满活力。

运动步骤

❶ 站立，弯曲双膝，保持背部挺直。脚尖向外旋转45°。吸气，将双臂向前伸直，双手掌心向下；呼气，双臂向身体两侧伸展，双手掌心向后（图①）。

❷ 吸气，向外伸展右臂，使其超过右膝，眼睛看向右手指尖的方向；呼气，用左手画半圆并将其移动到背后，并随着手臂向外转动肩部（图②）。在这个动作结束后弯曲右臂，然后在下一次吸气时，向前伸展左臂，重复此套动作。

❸ 用手臂围成一个假想的能量环，然后扭转上身，从右到左摆动，移动过程中伸展并弯曲膝盖，平稳地呼吸，在自己感觉舒适的范围内重复此套动作（图③）。

①

②

③

注意事项

这套动作没有特别的禁忌，但是如果久站就会感到不舒服的孕妈妈可以选择坐在椅子上练习，坐的时候一定要注意应该平稳地坐在椅子的前部，可以把椅子紧紧依靠在墙壁上，以确保安全。

童话故事：《木偶奇遇记》节选（一）

年　月　日　心情

孕妈妈对于《木偶奇遇记》也许并不陌生，故事中的小木偶获得了生命，他历尽很多挫折，终于成为了一个诚实、勤劳、善良的男孩。

木偶肚子不饿了，马上就叽里咕噜、哇哇大哭，吵着要一双新的脚。可皮帕诺因为他恶作剧，想罚罚他，就让他哇哇哭，让他绝望了整整半天才说："凭什么我要给你再做一双脚呢？是为了眼巴巴看着你再从家里溜出去吗？""我向您保证，"木偶哭着说，"从今以后我一定做个好孩子……""所有的孩子想讨点儿什么的时候，"皮帕诺回答，"都是这样说的。"

"我向您保证，我要去上学读书，叫人看得起……"

"所有的孩子想讨点儿什么的时候，都来这一套。"

"可我跟别的孩子不同！我比所有的孩子好，我一直说真话，爸爸，我向您保证，我要学会一种本领，等您老了，我安慰您，养您。"皮帕诺虽然装出一副凶相，可看着他那可怜的匹诺曹这么受罪，噙着眼泪，心里满是爱。他不说话了，拿起工具和两块干木头，麻利地干起活来了。一个钟头不到，两只脚已经做好。这两只小脚轻巧、干燥、灵活，真像一位天才雕刻家做出来的。皮帕诺对木偶说："闭上眼睛睡一觉吧！"木偶闭上眼睛假装睡觉。皮帕诺用鸡蛋壳装了点儿溶化了的胶，把两只脚给他粘上，粘得天衣无缝，一点儿也看不出粘过的样子。木偶看见自己有了脚，就不再直挺挺地躺着了，他从桌子上翻下来，跳了上千次，翻了上千个跟头，简直乐疯了。"为了报答您给我做的一切，"木偶匹诺曹对爸爸说，"我要马上去上学。""好样的，孩子！"皮帕诺说。

童话故事：《木偶奇遇记》节选（二）

年　月　日　心情

“可是去上学得有点儿东西穿。”皮帕诺很穷，口袋里连一个子儿也没有，于是用花纸给他做了一套衣服，用树皮给他做了一双鞋，用面包心给他做了一顶小帽子。匹诺曹马上跑到水盆那里去，对着水左照右照，对自己的模样满意极了，神气地说：“我真像一位体面的先生！”“不错，”皮帕诺回答说，“可是你要记住，使人成为体面先生的不是好衣服，而是干净的衣服。”

“不过，”木偶又说了，“我上学还少一样东西，一本识字课本。”

“你说得对，可怎么弄到它呢？”

“那还不方便，到书店里买就是了。”

“钱呢？”

“我没钱。”

“我也没钱。”皮帕诺说，心里很难过。匹诺曹尽管是个快活透顶的孩子，可也难过起来了。因为一件真正伤心的事，是人人都会懂得的，连孩子也不例外。“没法子，只好这么办！”皮帕诺叫了一声，忽然站起来，穿上打满补丁的粗布旧上衣，跑出门去了。

一会儿工夫，他就回来了，手里拿着给他的孩子买的识字课本，可短上衣没有了。这个可怜人只穿着衬衫，外面可是在下雪啊。

“上衣呢，爸爸？”

“我给卖了。”

“为什么卖了？”

“因为我热。”这句话是什么意思，匹诺曹一下子就明白了，他不由得扑上去抱住皮帕诺的脖子，在他的脸上到处亲吻。

孕味照模特秀

年　月　日　心情

怀孕是女人一生中难得的一段时光，散发着母性光辉的孕妈妈是最美的女人。趁着自己美好的D型身材还在，为自己和胎宝宝留下最珍贵的回忆吧。在拍照之前，可以先来欣赏一下别的孕妈妈的照片，参考一下她们的完美POSE。

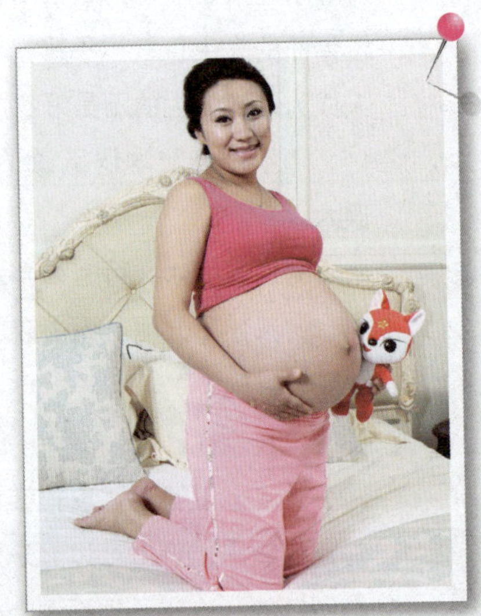

电影欣赏：《追火车日记》

年　月　日　心情

波兰电影《追火车日记》是一部可以为孕妈妈带来幸福感的影片。它充满温馨的情感和风景油画般的美丽色彩，孕妈妈带着胎宝宝来欣赏吧。

片名 Sztuczki

译名 追火车日记

又名 圈套

导演 安卓•贾柯莫斯基

主演 达米安•吴/艾芙琳娜•瓦伦齐亚克/拉法尔•古兹尼克扎克

类型 剧情

制片国家/地区 波兰

语言 波兰语

上映日期 2007-10-26

片长 95分钟

影片中小男孩史蒂芬人小鬼大，爱耍小聪明，是姐姐的小跟屁虫，最爱与姐姐的男友骑着机车到处追火车兜风。好奇心旺盛的史蒂芬在小镇街道、火车月台等处都留下了玩耍的足迹。某天，史蒂芬在月台认出从未谋面的爸爸，他笃信命运之神将会带领他们一家人团聚。在一连串的“诡计”背后，史蒂芬的“追火车日记”惊喜连连，却又“人算不如天算”，谱出一段诗意逗趣的动人故事。老天爷会顺从史蒂芬的愿望吗?

赏析 《追火车日记》囊括了威尼斯影展最佳欧洲电影奖等多项大奖。饰演小男孩的达米安以十岁的稚龄荣获2007年东京影展最佳男主角，为东京影展史上最年轻的影帝。影片是导演对年少纯真年岁的真挚回望，有着温暖、幽默的色彩，充满了小镇风情，能够勾起人们的年少记忆。

导演安卓•贾柯莫斯基在访谈时说《追火车日记》是根据他年少时的回忆所编。在《追火车日记》里，贾柯莫斯基不但使用非职业演员，也常在片场用摄影机暗自捕捉演员间的自然互动。这也是为何影片中各个角色和小镇风光看起来都非常纯朴真挚的原因。

连连看（五）

年 月 日 心情

把下图中的点连起来，再涂上漂亮的颜色，你会看到一只非常可爱的小河马。赶快来连连看吧！

小河马正在吹笛子，它吹的什么乐曲呢？一定是一首快乐的曲子吧，看它微笑的表情就知道了。孕妈妈觉得呢？

闪光卡片：教胎宝宝认物

年 月 日 心情

我们的生活中有好多必需品，孕妈妈不妨把这些物品逐一介绍给胎宝宝吧。今天就以水果为例，孕妈妈可以举一反三。准备好闪光卡片和要介绍的物品，现在就行动吧。

孕妈妈首先准备好橙子、苹果的卡片与实物。拿起卡片，告诉胎宝宝卡片上的水果的名字，例如："宝贝，我们来认识一种非常好吃的水果——橙子。"多念几遍"橙子"的发音。然后将卡片上的橙子的形状、颜色和一些细节特征介绍给胎宝宝，再拿起实物，闻一闻它的气味，将实物的触感和气味介绍给胎宝宝。最后尝尝它的味道，把它酸甜的滋味也告诉给胎宝宝。除此之外，孕妈妈还可以把它所蕴含的营养成分和保健功效给胎宝宝简单介绍一下。

胎教经验分享

如果没有现成的实物，孕妈妈可以在脑海里冥想，把你想到的细节都讲给胎宝宝听。

准爸爸讲瀑布和海洋的形成

年　月　日　心情

今天准爸爸来给胎宝宝讲一讲瀑布和海洋的知识吧。准爸爸用柔和的声音来讲解，孕妈妈全神贯注地倾听，两个人还可以探讨。准爸妈积极的态度和愉快的谈话氛围对胎宝宝有积极的影响。

瀑布是怎样形成的

名山大川中差不多都有瀑布。著名的黄果树瀑布高达75米，飞泻而下的水流溅射出无数的浪花，发出轰鸣的巨响，浪花化作水雾，十分壮观！那么，瀑布是怎样形成的呢？陆地上所有的水都是从高处流到低处的。地势越陡，水向下流得越快。而在那些地势高低落差很大的地方，水流突然从高处跌落下来，就形成了瀑布。

位于伊利湖和安大略湖之间的尼亚加拉瀑布是世界著名瀑布之一。美国和加拿大分别在两侧建立了同名的姐妹城——尼亚加拉瀑布城。在加拿大境内，有160米高的观瀑塔，游客既可以凭高远眺，也可以深入地下隧道，倾听瀑布落下时雷鸣般的响声。入夜时，两岸灯火照射瀑布，景象更为壮观。

海洋是怎样形成的

世界上共有四大洋，分别是太平洋、大西洋、印度洋、北冰洋。洋的周边还有一些海，海是与洋相连的水深不到3000米的水域。海洋是地球的蓝色宝库。那么，海洋是怎样形成的呢？关于洋盆的形成，20世纪60年代初，科学家提出了“海底扩张学说”，认为地壳由于岩浆上涌产生隆起，在张力作用下向两边拉伸，从而导致局部破裂，形成一系列的裂谷与湖泊。现代东非大裂谷便是例子。后来大陆地壳终于被拉断，岩浆沿裂隙上涌，凝结成大陆地壳，一个新的大洋便从此诞生。海水是从哪里来的呢？地球诞生后，由于炽热的岩浆的作用，产生了大量的气体，随着地球不断冷却，大气中的水蒸气开始凝结，变成了滂沱大雨。大雨一直下了几千万年，雨水汇成河流不断流向低洼的地方，地球上就出现了最早的海洋。另外，都说海水又苦又咸，其实原始的海洋，海水是不咸的，而是带有酸性。雨水把陆地和海底岩石中的盐分溶解，海水经过亿万年的积累融合，才变成了咸水。

诗歌欣赏：《你是人间四月天》

____年____月____日____心情____________

四月正是春光潋滟的季节，万物复苏，大地回暖，到处浮动着轻盈和柔美的气息。散文家朱自清说过，春天的风，温柔得“像母亲的手抚摸着你”。作者的感觉有时是相通的，这首《你是人间四月天》，也充满母爱的光辉。

我说你是人间的四月天，
笑响点亮了四面风，
轻灵在春的光艳中交舞着变。
你是四月早天里的云烟，
黄昏吹着风的软，
星子在无意中闪，
细雨点洒在花前。
那轻，那娉婷，你是，
鲜妍百花的冠冕你戴着，
你是天真，庄严，你是夜夜的月圆。
雪化后那篇鹅黄，你像；
新鲜初放芽的绿，你是；
柔嫩喜悦水光浮动着你梦期待中白莲。
你是一树一树的花开，
是燕在梁间呢喃，
——你是爱，
是暖，
是希望，
你是人间的四月天！

赏析 这是一首纯净优美的小诗，是林徽因写给她和梁思成的长子梁从诫的。诗中采用多重的比喻，意象美丽，语言毫无雕琢矫饰之嫌，流露着自然而真切的情感，再加上和谐柔美的韵律感，让人感觉到温暖而美好。

童话故事：《冬天的风》

年　月　日　心情

冬天总是白雪飘飘，风声呼啸，关于冬天的童话也有不少。今天孕妈妈就给胎宝宝讲一个关于冬天的风的童话吧。一提到冬天的风，人们总会想到寒冷刺骨，北风呼啸，但是在这个故事里，冬天的风却有着非常可爱之处呢。

冬天的风，是个爱吹口哨的淘气的小男孩儿。他一会儿吹到东，一会儿跑到西，他到了哪儿，哪儿就会活跃起来。

冬天的风，特别爱跟人开玩笑。小棕熊特别怕冷，一到冷天他就躲在家里烤火炉。冬天的风使劲儿地拍打他的窗户，催他到外面做游戏、打雪仗。

小棕熊来到院子里，跟小山羊、小白兔一起滚雪球。冬天的风调皮地揉搓他们的脸蛋，把他们的小鼻子揉得红红的。

小鸟们站在电线杆上举办冬季音乐会，冬天的风像一位神气的琴师为小鸟们伴奏。

冬天的夜晚给山村笼罩了一张神秘的天幕。冬天的风像一位善讲故事的故事大王，给小棕熊、小山羊、小白兔和小鸟们倾诉着古老的传说故事。

呜——呜——

每天晚上，冬天的风都这样讲着。

冬天的风，肚里有讲不完的故事。一直讲到第二年开春冰雪消融，冻土松动。

冬天的风向小棕熊、小山羊、小白兔和小鸟们告别：

再见了——

再见——

逻辑思维游戏（五）

年 月 日 心情

经过前面的练习，孕妈妈对逻辑思维游戏已经有了一些经验。应用自己的逻辑推理能力，走出混乱迷局的过程，一定很过瘾、很有成就感吧。今天就继续来接受考验吧！

1.请在圆圈中填上1～9九个数字，使每条线上的数字之和相等。

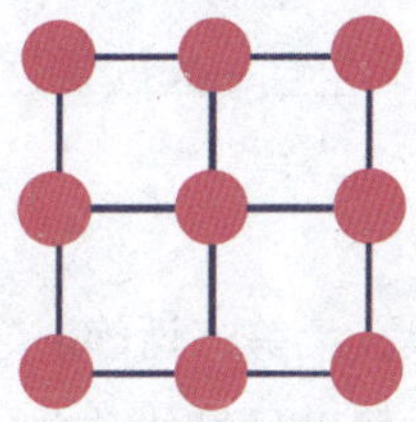

2.每种水果各代表一个数字，你知道它们分别代表哪个数字吗？

+ + = 6

− = 1

+ = 3

3.草莓和苹果各代表哪个数字时等式成立？

× = +

÷ = −

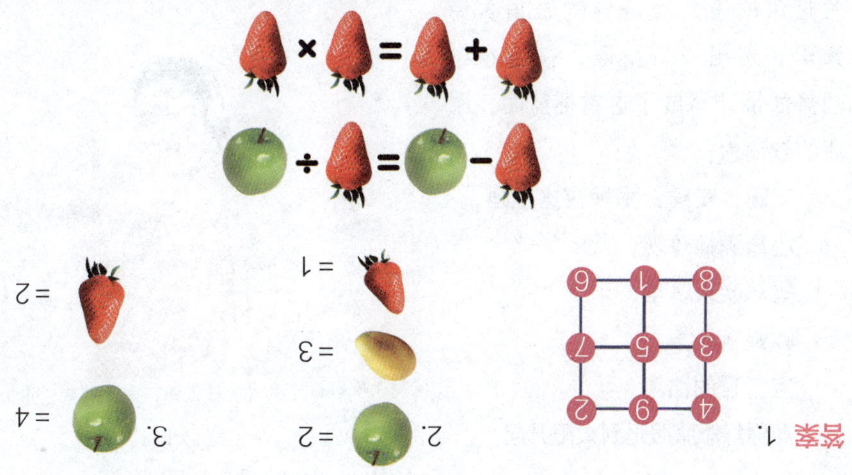

名曲欣赏：《摇篮曲》

年 月 日 心情

摇篮曲又叫催眠曲，每个国家都有很多亲切悦耳的摇篮曲。这些乐曲连同妈妈的双手伴随着无数小宝贝进入酣甜的睡梦。今天我们要和孕妈妈一起来欣赏的，是著名作曲家勃拉姆斯的《摇篮曲》。

欣赏时间

孕妈妈可以在晚上入睡前和胎宝宝一起欣赏这首温馨静谧的曲子。

赏析指导

这首《摇篮曲》简洁、雅致，柔美、恬静。它通过强弱拍节奏的起伏，来塑造摇篮摆动的形象。这也是一首民歌风格的歌曲，曲调温柔，让人联想到母爱的温存与慈祥，表现了母亲对宝宝的亲切祝愿。

创作背景

勃拉姆斯的《摇篮曲》是摇篮曲中的精品，它原是一首通俗歌曲，1868年，为了庆祝法柏夫人的次子出生，勃拉姆斯创作了这首曲子送给她。法柏夫人是维也纳著名的歌唱家，1859年勃拉姆斯在汉堡时，曾听过她演唱的一首歌鲍曼的圆舞曲，当时勃拉姆斯被她优美的歌声所感动。于是他从阿尔尼姆和布兰丹诺的《儿童奇异的号角》诗集里，选出一首童谣，按维也纳圆舞曲情调写成了这首摇篮曲。原曲的歌词为：

安睡，安睡，乖乖在这里睡，
小床满插玫瑰，
香风吹入梦里，
蚊蝇寂无声，
宝宝睡的甜蜜，
愿你舒舒服服睡到太阳升起。

孕妈妈可以听着摇篮曲，想象胎宝宝进入梦乡的模样。

帮小兔子找影子

年 月 日 心情

温顺的小兔子多招人喜爱，哪一个才是它真正的影子呢？孕妈妈擦亮眼睛，快来帮小兔子找影子吧！

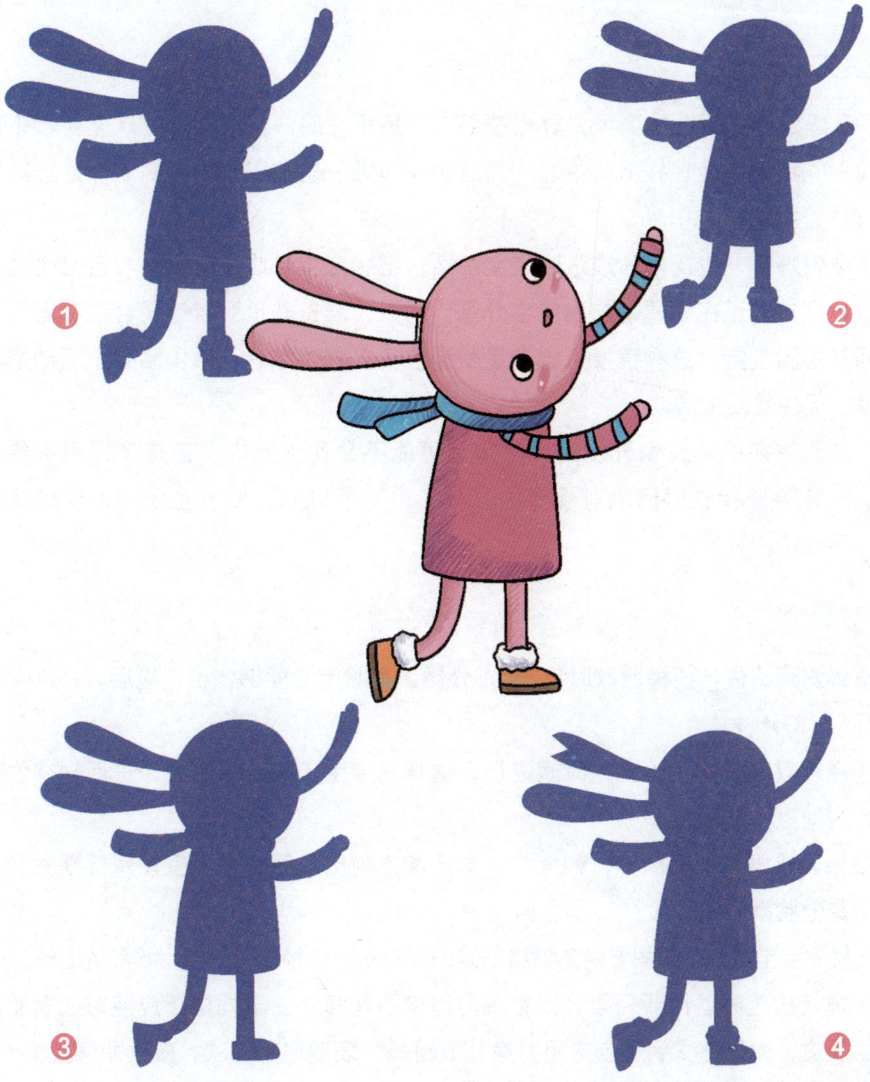

① ② ③ ④

答案 ②

给胎宝宝最温柔的爱抚

年 月 日 心情

胎宝宝这一阶段会非常活跃，而且受到刺激后会作出各种反应。因此，这个时候，孕妈妈不妨给予胎宝宝一些温柔的爱抚，这是与胎宝宝最直接的交流。

抚摸方法

孕妈妈选择平卧的姿势，放松腹部，先用手在腹部从上至下、从左至右来回抚摸，并用手指轻轻按下再抬起，然后轻轻地做一些按压和拍打的动作，给胎宝宝以触觉的刺激。

孕妈妈要一边抚摸一边跟胎宝宝说话，把胎宝宝当成每时每刻和自己生活在一起，把自己正在做的事与胎宝宝分享。同时，准爸爸也可以选择合适和固定的时间抚摸胎宝宝。这种抚摸可以满足胎宝宝的皮肤饥饿感，激发胎宝宝活动的积极性，促使其发生蠕动。

需要注意的是，刚开始时，胎宝宝可能不会作出反应，但是孕妈妈不要灰心，一定要坚持长时间地有规律地去做。过一段时间，胎宝宝就会出现轻轻蠕动、手脚转动等反应。

注意事项

◎孕妈妈开始进行抚摸胎教时每次约5分钟，等胎宝宝能够作出反应后，每次可以进行5~10分钟。

◎抚摸胎教应坚持在固定的时间进行，这样胎宝宝才能心领神会，进而规律性地在此时间里作出反应。

◎如果孕妈妈有不良产史，如流产、早产和产前出血等，则不宜使用抚摸胎教，可用其他胎教方法替代。

◎抚摸胎宝宝时，孕妈妈要避免情绪不佳，保持稳定、轻松、愉快、平和的心情。

◎抚摸及按压时动作要轻柔，以免用力过度引起意外。孕妈妈还应随时注意胎宝宝的反应，如果感觉到胎宝宝用力挣扎或蹬腿，表明他不喜欢，应立即停止。

◎进行抚摸胎教时，应保持室内环境舒适，空气新鲜，温度适宜。

绕口令（四）

年 月 日 心情

今天的胎教从绕口令开始吧。为了让胎宝宝获得良好的语言胎教，孕妈妈一定要按照正确的发音来练习。

酒换油

一葫芦酒九两六，
一葫芦油六两九。
六两九的油，
要换九两六的酒，
九两六的酒，
不换六两九的油。

小胖哥

小胖哥，玩意儿多，扳不倒儿婆婆车，风刮燕儿一大串儿，冰糖葫芦儿是果馅儿。

鸽和鹅

天上一群大白鸽，
河里一群大白鹅。
白鸽尖尖红嘴壳，
白鹅曲项向天歌。
鸽乐呵呵，鹅活泼泼，
白鹅白鸽碧波蓝天真快乐。

猫鼻子

白猫黑鼻子，
黑猫白鼻子；
黑猫的白鼻子，
碰破了白猫黑鼻子，
白猫的黑鼻子破了，
剥了秕谷壳儿补鼻子；
黑猫的白鼻子不破
不剥秕谷壳儿补鼻子。

临产前应怎样饮食

年　月　日　心情

临产前，孕妈妈应注意安胎养胎，饮食上可以多吃一些清淡而有营养的食物，在此基础上要着重补充补益气血、增强体质的食物，为分娩做好充分的准备。

山药萝卜粥

材料 山药30克，白萝卜1/2个，大米180克，芹菜末、肉末各适量。

调料 盐适量。

做法

1. 山药、白萝卜分别削皮，切成小块。
2. 将大米淘洗干净，加水煮开，放山药块、芹菜末、肉末和白萝卜块。
3. 待开锅后，转为小火，熬煮到山药块、萝卜块和大米变得软烂即可。
4. 最后加盐搅匀即可。

牛奶鸡丝汤面

材料 面条100克，鸡胸肉80克，洋葱20克，香菇3朵，绿芦笋尖6根。

调料 鸡高汤1碗，牛奶半杯，盐少许。

做法

1. 将洋葱切丝；香菇切片，备用。
2. 鸡胸肉洗净，放入沸水中氽烫至熟，撕成细丝；绿芦笋用开水烫软，备用。
3. 锅内倒入油烧热，放入洋葱丝、香菇片，炒香。
4. 再倒入鸡汤、牛奶煮沸，加入绿芦笋、面条和鸡丝煮至面条熟，放盐调味即可。

童话故事：《猜我多爱你》

年 月 日 心情

宝宝爱妈妈，妈妈爱宝宝。爱到底有多少？这恐怕很难回答，因为妈妈与宝宝之间的爱，多得已经无法用任何东西来衡量了。就把这篇《猜我多爱你》献给即将出生的宝宝吧。

栗色的小兔子紧紧地抓住栗色的大兔子的长耳朵，要大兔子好好听它说。它说：“猜猜我有多爱你？”大兔子说：“哦，我可猜不着。”小兔子说：“这么多。”它张开两只手臂，伸得尽可能远。可大栗色兔子的手臂更长，它说：“我爱你有这么多。”“嗯，这真是很多。”小兔子想。

接着，小兔子有了一个好主意。它打了个滚倒立起来，把脚伸到树干上，说：“我爱你，直到我的脚趾尖。”大兔子把小兔子甩过头顶：“我爱你一直到你的脚趾尖。”

小兔子说：“我跳得多高就有多爱你。”它不停地跳上跳下。大兔子笑了，说：“我跳得多高就有多爱你。”它跳得真高，耳朵都碰到了树枝。小兔子想，这真是跳得太高了。小兔子叫喊起来：“我爱你像这条小路伸到小河那么远。” 大兔子说：“我爱你远到跨过小河再翻过山丘。”小兔子想，那真是很远。这时，它看见了黑沉沉的夜空，没有什么能比天更远了。它说：“我爱你一直远到月亮那里。”说完它闭上了眼睛。 大兔子说：“哦，那真是很远，非常非常的远。”它把小兔子放到用树叶堆起来的床上，然后低下头来亲吻小兔子，对它说晚安。 然后它躺在小兔子的身边，带着微笑轻声地说：“我爱你，从这儿一直远到月亮那里，再从月亮那儿回到这里来。”

提前了解新生宝宝的神奇天赋

年 月 日 心情

研究发现，每个新生宝宝都有我们意想不到的潜能。这些先天就具有的能力如果不及时加以练习，几个月后就会自然消失。孕妈妈先提前了解一下新生宝宝的这些可爱有趣的神奇本领吧。

新生宝宝的本领	具体调养原则
寻觅反射	当新生宝宝面颊部触及母亲乳房时，头即转向乳房找乳头；用手指或其他物体接触新生宝宝面颊部、口角边，也会有类似反应。即使闭着眼睛，也会准确无误地找到“目标”。宝宝通过这样的反射动作会找寻乳头以获得良好的营养
拥抱反射	当新生宝宝被抱起时，他会本能地紧紧靠贴抱起来他的人
抓握反射	当大人的手指触及新生宝宝的掌心时，能立即感到手指被宝宝攥紧。如果试图拿走，他会抓得更紧
眨眼反射	当物体或气流刺激新生宝宝的睫毛、眼皮或眼角时，新生宝宝会做出眨眼动作。这是一种防御性本能，可以保护眼睛
惊跳反射	突如其来的噪声刺激，或者被猛烈地放到床上，新生宝宝能立即把双臂伸直，张开手指，并弓起背，头向后仰，双腿挺直
击剑反射	当新生宝宝仰卧时，把他的头转向一侧，他会立即伸出这一侧的手臂和腿，并屈起对侧的手臂和腿，做出击剑的姿势
迈步反射	如扶新生宝宝光脚板直立在床上，他就会一步一步地向前走“猫步”，走得好的孩子就像散步一样
游泳反射	如果是在水中分娩，新生宝宝就会游出水面，而且不会呛水
蜷缩反射	当新生宝宝的脚背碰到平面边缘时，他会本能地做出像小猫那样的蜷缩动作
巴宾斯基反射	当用手指轻轻地触及新生宝宝的脚掌时，他会本能地竖起大脚趾，伸开小趾，使五个脚趾变成扇形
巴布金反射	如果新生宝宝的手掌被压住，他的头会转来转去，嘴巴张开，就像打呵欠一样

来玩摆棋子的游戏

年　月　日　心情

为了缓解分娩前的紧张情绪，孕妈妈来轻松一下，不妨来做一个简单的休闲小游戏吧。这个游戏的名字叫——摆棋子。

游戏方法

孕妈妈首先要准备好围棋棋盘与棋子，设定一个时间，如20秒，从“预备——起”的信号开始，在20秒内，看可以把多少颗棋子一颗一颗整齐地排成一行。然后试着以1、3、5或2、4、6间隔的方式摆入棋子。随着熟练程度的增加，孕妈妈可以自己根据更有难度的摆放规律摆放。

方法1：

方法2：

方法3：

三种基础方法

增加难度

如果孕妈妈觉得这样的训练有些简单，还可以事先在纸上设计好要放入棋子的位置，然后看看需要花多少时间才能依照原来的设计图完成。

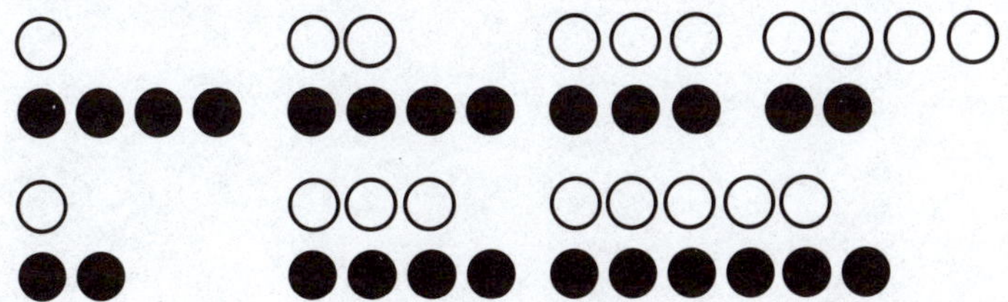

参考设计图举例

孕妈妈也可以指定游戏规则，例如，将20枚棋子摆放进棋盘里，使每一横行，每一竖行和对角线上都有两枚棋子。

准爸爸也可以参与进来，和孕妈妈进行一次小竞赛。这样反复地练习，可以进一步增强胎宝宝对数字以及颜色的感知能力。

小天使如约而至

年 月 日 心情

在妈妈肚子里住满了10个月，小宝宝终于诞生了！在这里留下宝宝的档案和手脚印儿吧。

宝宝档案：

姓名：

小名：

性别：

生日：

星座：

出生体重：

出生身长：